Erwin Scharrer

Heilung des Unbewußten

Einige Aspekte biblischer Anthropologie und ihre Bedeutung für die Seelsorge

Verlag der
Francke-Buchhandlung GmbH
Marburg

Meiner lieben Frau in Dankbarkeit gewidmet

CIP-Kurztitelaufnahme der Deutschen Bibliothek

Scharrer, Erwin:
Heilung des Unbewußten: einige Aspekte bibl. Anthropologie u. ihre Bedeutung für d. Seelsorge / Erwin Scharrer. – Marburg: Francke, 1982.
(Edition C: C; 71)
NE: Edition C / C

ISBN 3-88224-273-6

3550 Marburg an der Lahn
Umschlaggestaltung: Litera
Gesamtherstellung:
St.-Johannis-Druckerei C. Schweickhardt, 7630 Lahr 12
Printed in Germany 18796/1982

Inhaltsverzeichnis

1. Vorwort

Die Idee zu dieser Schrift entstand während eines Urlaubs, nachdem wir, Ärzte der Klinik Hohe Mark, die Manuskripte unserer Broschüre »Seelische Krankheit – Heilung und Heil«, Verlag der Francke-Buchhandlung Marburg, fertiggestellt hatten. Schon damals war bei uns das Bedürfnis entstanden, über das Provisorische und Vorläufige des damals Gesagten hinaus einige Probleme tiefer zu bedenken. Seit Jahren beschäftigen wir uns mit Behandlungsrichtlinien, Behandlungsstrategien unserer psychisch gestörten Patienten; insbesondere mit der Frage des Zusammenwirkens von Psychotherapie und Seelsorge.
Da in unserer Klinik sehr viele Patienten Seelsorge erwarten, die meisten von ihnen einem »Glaubensbekenntnis« verpflichtet sind und eine Lebens- und Glaubensbeziehung zu Jesus Christus gefunden haben, sind wir zu dieser Auseinandersetzung immer wieder aufgerufen und herausgefordert.

1.1 **Was ist Seelsorge? Seelsorge ist Glaubenshilfe! Glaubenshilfe als Lebenshilfe! (H. Tacke)**

Die Botschaft des Alten und Neuen Testaments bezeugt eindeutig und klar die Erlösungsbedürftigkeit des Menschen. Demnach ist jeder Mensch von Natur aus durch die Sünde von Gott getrennt. Dieser Zustand kann nur durch Kreuz und Auferstehung Jesu Christi aufgehoben werden. Die Tatsache von Tod und Auferstehung Jesu Christi wird im Neuen Testament als Erlösung bezeugt. In Form und Inhalt der Lehre ist diese Botschaft des Evangeliums von dem Sünden-vergebenden-Gott klar und eindeutig bezeugt. Die Prophetie des Alten Bundes weist hin auf Jesus Christus als den Herrn und Erlöser. Die zeugnishaften Berichte des Neuen Testaments bestätigen sie. Das Wort Gottes wird gehört und als Evangelium, als Frohbotschaft verstanden, angenommen und verkündigt. In der Praxis aber scheint es erfahrungsgemäß so zu sein, daß die *»lebendige Verinnerlichung dieses Evangeliums« (siehe auch Kap. 1. 4; 2. 4; 3, 8) in der Gemeinde, in den zwischenmenschlichen Beziehungen, in der Sozialgestalt der Kirche auf äußerste Schwierigkeiten stößt.* Schwierigkeiten in der Verinnerlichung von Glaubensinhalten: Diese Ausdrucksweise will sagen, daß objektive Glaubensinhalte, wie in der Verkündigung bezeugt, bevor sie zu subjektiven Glaubenserfahrungen werden, in der Regel auf *Widerstände* stoßen, die mit unserem Herzen, mit unserem Unbewußten – realistischer auch gesagt: mit unserer Glaubenspraxis zusammenhängen. Denn in der Glaubenspraxis, in der Alltagswelt des Glaubens scheitern wir gerade an den Aufgaben, deren Bewältigung wir mit äußerster Kraft anstreben. Paulus sagt im Römerbrief: »Das Gute, das ich will, tue ich nicht; das Böse, das ich nicht will, tue ich« (Röm. 7, 19). Woher kommen diese Widerstände?

Eine These könnte lauten: Die gestörte Glaubenspraxis hängt ab von einer gestörten Verkündigungspraxis, diese von einer gestörten Gemeinschaftspraxis, diese von einer gestörten Seelsorgepraxis. Vielleicht könnte die Reihenfolge auch anders gewählt werden, jedenfalls: Der praktische Glaube, die Verkündigung, die Gemeinschaft der Gläubigen untereinander und die Seelsorge am einzelnen hängen sehr eng zusammen; und wenn einer dieser Bereiche gestört ist, sind sie alle gestört. »Sie blieben aber beständig in der Apostel Lehre, in der Gemeinschaft, im Brotbrechen und Gebet« (Apg. 2, 42).

Eine weitere These, die in dieser Schrift vorrangig behandelt werden soll, lautet: *Auch rechte Evangeliumsverkündigung allein ermöglicht noch lange nicht lebendiges Christsein,* sondern weitere Schritte müssen hinzukommen, wenn die Glaubenspraxis der einzelnen fruchtbar Gestalt gewinnen soll. Um welche Schritte es hierbei geht, dies zu verdeutlichen – so scheint mir – ist Aufgabe der Seelsorge.

Aus den genannten beiden Thesen ergeben sich in erster Näherung folgende Aufgaben für die Seelsorge:

1.2 **Die Glaubenspraxis soll gestärkt werden:** Das bedeutet eine Vertiefung und Erneuerung der Lebensbeziehung zu Jesus Christus. Diese Vertiefung und Erneuerung wird das Leben des einzelnen verändern und in einem zweiten Schritt auch die Beziehung zu den Mitmenschen verändern, also die zwischenmenschlichen Beziehungen, die Gemeinschaft. Bei diesem Ziel der Veränderung der Glaubenspraxis durch das Seelsorgegespräch ist unbedingt erforderlich, daß der Seelsorger über ein *Orientierungsfeld* verfügt. Mit diesem Orientierungsfeld ist die Vorstellung eines Menschenbildes gemeint, eine *Anthropologie vom Menschen, die mit dem Menschenbild der Bibel übereinstimmt.* Seelsorge, so scheint mir, kann erst dann fruchtbar werden, wenn sie orientiert ist am Menschenbild der Bibel, wobei alttestamentliche und neutestamentliche Aspekte zu einer

Gesamtschau sich vereinigen müssen. Das Orientierungsfeld des Seelsorgers, welches seinem Menschenbild entspricht, kann auch definiert werden als sein Verständnis vom Menschen, von seinem *Ursprung* und *Ziel*. Diese wichtige *Ursprungs- und Zielangabe* ist, so scheint mir, ausschließlich dem biblischen Menschenbild eigen. Aus der Bibel erfahren wir eindeutig und definitiv Ursprung und Ziel des Menschen. Auf dieses Ziel hin entfaltet sich die Seelsorge am einzelnen, und sie gewinnt dieses Ziel aus dem Verständnis über seinen Ursprung: Nur wer den Ursprung des Menschen kennt, weiß auch um sein Ziel.

1.3 Hierbei geht es um *Veränderung* des Menschen, seines Mensch-Seins, wobei in der Sprache der Seelsorge Veränderung immer auch *Umkehr* meint. Umkehr im Sinne von Buße, von Metanoia. Umkehr zu Gott hin. Umkehr heißt, aus der Diesseits-Orientierung herauskommen und Orientierung finden, eine Beziehung finden zu dem Schöpfer-Gott, der zugleich mein Erlöser-Gott geworden ist.

1.4 Diese Neu-Orientierung bedeutet in der Sprache der Seelsorge: das Verkündigte und Gehörte, oder Glaubensaussagen anderer sollen zu eigenen Glaubenserfahrungen werden, welche den Glaubenden tiefer oder erstmals zu Jesus Christus führen und an Jesus Christus binden. Dieses nennen wir *»Verinnerlichung«* eines Glaubensinhalts. Die *subjektive Erfahrung eines objektiven Glaubensinhaltes* ist es, welche *Beziehungsrealität* ermöglicht. Diese *Beziehungsrealität* ist *Vertrauensrealität*: Sie gründet auf dem Vertrauen an eine Person, an Jesus Christus. Sie ist das entscheidende Kennzeichen lebendigen Glaubens, welche Glaubenspraxis in Freiheit ermöglicht. Dieses *Vertrauensverhältnis* ist *Wachstums- und Reifungsprozessen* unterworfen. Diese Prozesse durchlaufen in der Regel *Krisen*.

1.5 Die Glaubenspraxis schöpferischer Christen kennt den Ausdruck »Erweckung der Gemeinde«, sie kennt aber auch den Ausdruck »Leiden an der Kirche«. Enttäuschung und Resignation, aber auch Hoffnung und zuversichtliches Vertrauen auf Neuschöpfung der Kirche: *Beide Haltungen gehören zusammen*. Bei Wahrnehmung der heutigen Gemeindeverhältnisse, wobei Ausnahmen die Regel bestätigen, entsteht die Frage: Ist Erwekkung überhaupt noch möglich? – Oder müssen wir uns auf die Dauer mit dem Leiden an der Kirche begnügen? Diese Frage könnte einmünden in die Frage nach einer *Psychotherapie der*

Seelsorge oder *Psychotherapie der Gemeinschaftspraxis* innerhalb unserer Gemeinden. Das bedeutet: Was müßte in der Seelsorge lebendiger werden, welche *psychologischen Probleme müßte der Seelsorger neu entdecken und wahrnehmen,* um bei den heutigen gesellschaftlichen und kirchlichen Verhältnissen gezielt und vollmächtig Seelsorger sein zu können?
Bei diesem Stichwort »Psychotherapie der Seelsorge« entsteht die Frage nach der rechten, dem Menschen *angemessen* zugewandten Seelsorge, die auch das *Unbewußte* des Menschseins mitberücksichtigt. An dieser Stelle ist das Anliegen dieser Schrift angesprochen: Sie möchte zeigen, daß *Seelsorge, wenn sie heilsam und effektiv sein soll,* auch die unbewußten Bereiche der Person, die Bereiche der Tiefenperson, der Geschöpflichkeit miterfassen sollte. Appelle an den Willen, an den Verstand, an das Bewußtsein allein genügen in der Regel nicht, um Veränderungen hervorzurufen, welche die Glaubenspraxis verändern, fruchtbar gestalten, sondern es müssen Charakterhaltungen als Fehlhaltungen deutlich werden, die einer Tiefenheilung im Wege stehen, die mit Widerstand zu tun haben.

1.6 Es geht darum auch um den Widerstand des einzelnen in der Seelsorge, um *Seelsorge-Widerstände gegen die Psychotherapie,* um den Glauben, der sich verfestigt hat, erstarrt ist und als dogmatischer Glaube in seiner Verfestigung weitere Reifungsprozesse erschwert, in der Regel sogar unmöglich macht. Es gibt eine Fehlform des Glaubens, welche benutzt werden kann als Widerstand gegen Veränderung, als Widerstand gegen Umkehr, als Widerstand gegen den lebendigen Gott.

1.7 Widerstand des einzelnen in der Seelsorge meint Widerstand gegen das Aufdecken von Sünde, von Fehlhaltungen. Es ist eine Abwehr gegen nötige, schmerzhafte Schritte der Veränderung. Unter *Seelsorge-Widerständen gegen die Psychotherapie* könnten Abwehrhaltungen »frommer Menschen« gegen eine Psychotherapie als Lebenshilfe verstanden werden, die unabhängig von Gott, scheinbar oder auch in Wirklichkeit gegen ihn arbeitet! Die Angst des Gläubigen vor dem Psychotherapeuten ist oft mit Recht, gelegentlich aber auch unbegründet, sehr groß. Sie reicht in tiefe Schichten der Seele hinein, in denen eine Vorentscheidung für Gott getroffen worden ist, die u. U. durch den Psychotherapeuten in Frage gestellt werden könnte. Diese Angst ist sehr ernstzunehmen; sie bedarf der Erläuterung, muß aufgedeckt und verstanden werden. Danach kann psychotherapeutische Arbeit an und mit gläubigen Patienten sehr hilfreich sein. Sehr oft ermöglicht sie erst das Wahrnehmen der Gnade! Sehr oft stellen wir fest, daß eine innere Abwehr gegen Psychotherapie auch eine Abwehr gegen die Gnade Gottes ausdrücken kann!

Dieses Buch ist darum auch für jene gläubigen Leser geschrieben, die ein primäres, oft nicht näher begründbares Vorurteil gegen Psychotherapie als Heilmethode haben. In der Klinik begegnen wir immer wieder der Meinung, daß das Arbeiten mit und durch Psychotherapie »gefährlich« ist, daß es dem »Bösen Tür und Tor öffnet«. Das Buch will verdeutlichen, daß einer psychotherapeutischen Arbeit grundsätzlich ein Menschenbild zugrundeliegen kann, welches biblische Qualitäten aufweist. Dieser Aufweis relevanter Züge biblischer Anthropologie soll dem Leser die Möglichkeit geben, in einem eigenen, sicher nicht leichten Denkprozeß das Ineinandergreifen anthropologischer und theologischer Erkenntnisse über den Menschen mitzuvollziehen.

1.8 In dieser Schrift bekennt sich der Verfasser zu einem »Standort«, in dem Seelsorge und Psychotherapie integrierend aufeinander bezogen sind. Unter den drei möglichen Vorentscheidungen: einer *diskriminierenden* Vorentscheidung, welche Seelsorge gegen Psychotherapie und Psychotherapie gegen Seelsorge ausspielt; einer *separierenden* Vorentscheidung, welche Seelsorge und Psychotherapie nebeneinander laufend ohne nähere Berührung geschehen läßt, ist hier ein Standpunkt vertreten, der als *integrierend* zu bezeichnen ist: Diese integrierende Betrachtungsweise soll in den folgenden Kapiteln verdeutlicht werden.*

1.9 Das Buch ist für jene Leser geschrieben, die von einer unbestimmbaren, unbewußten Sehnsucht erfüllt sind, sich selbst tiefer zu erkennen. Mit zunehmender Selbsterkenntnis, die eine in das Unbewußte hinabreichende tiefere Selbstwahrnehmung beinhaltet, kann auch verbunden sein eine tapfere Erfahrung göttlicher Gnade für den, der sich hierfür öffnet. Das Durcharbeiten, Wahrnehmen und Konfrontiert-Werden mit inneren Widerständen gegen die durchdringende Kraft göttlicher Gnade ist hierfür unerläßlich!

* Andererseits gibt es auch *Psychotherapie-Widerstände gegen die Seelsorge.* Der ohne Gott lebende Psychotherapeut, der ausschließlich auf psychische Prozesse ausgerichtet ist und im Diesseitsfeld des Menschen die anthropologischen Grundfragen eliminiert: Auch diese Vorentscheidung muß als Widerstand gegen das sehnsüchtige Verlangen des leidenden Menschen nach Ganzheit, nach Verstandenwerdenwollen, aufgefaßt werden. Diese Vorentscheidung kann sehr oft Heilung verhindern.

Danksagung

Sehr herzlich danke ich meinen Patienten und Mitarbeitern für die vertrauensvolle Offenheit, in der sie mir begegnen und es mir ermöglichen, Erfahrungen in Psychotherapie und Seelsorge zu sammeln und in dieser Form auch weiterzugeben. Das Zweiergespräch mit meinen Patienten hat für meine Arbeit den wichtigsten Stellenwert. Ferner danke ich Frau G. Runge für ihre Mitarbeit bei der Fertigstellung des Manuskripts.

Klinik Hohe Mark, im Juli 1982
E. Scharrer

2. Zur Einführung in das Thema

2.1 Was meint die Aussage: Heilung des Unbewußten?

Die Formulierung »Heilung des Unbewußten« ist mir sehr schwergefallen, und ich mußte selbst einige Widerstände in mir dagegen überwinden; aber es ist mir keine bessere Kurzform eingefallen, um angemessen auszudrücken, was ich meine und in dieser Schrift kurz darstellen möchte.

Der Begriff »Heilung« ist uns gut bekannt, und ich möchte an dieser Stelle auf eine nähere Definition verzichten; ich hoffe, es wird im folgenden näher deutlich werden, was damit gemeint ist. Im übrigen beziehe ich mich auf unsere Broschüre »Seelische Krankheit-Heilung und Heil«.

Auch den Begriff des »Unbewußten« möchte ich an dieser Stelle in der Form verwenden, wie wir dort dargestellt haben (siehe Abschnitt Dr. v. Knorre: Das Unbewußte). Dort wurde gesagt, daß die Wissenschaft der Tiefenpsychologie den Begriff des Unbewußten eingeführt hat, der abgegrenzt werden sollte von dem Begriff der Transzendenz.

Es gibt aber noch andere Aspekte des Begriffes »unbewußt«, welche in der Tiefenpsychologie Bedeutung haben. Sie beinhalten Aspekte der »Tiefenperson«, welche Freud in dem Bild des Eisbergs ausdrückt und meint, daß nur ein geringer Anteil dieses Eisberges über der Wasseroberfläche liegt, also sichtbar, bewußt ist; während der Hauptanteil des Eisberges unterhalb der Oberfläche, also unbewußt, in der Tiefe verborgen, nicht ohne weiteres erreichbar, verfügbar ist. Diese Unerreichbarkeit der Tiefenperson mit normalen Mitteln, d. h. mit Mitteln des Denkens und Wollens ist entscheidend; Freud hat insbesondere die Traumanalyse als einen der Hauptzugangswege zum Unbewußten angesehen; wobei Einfälle, Versprecher und insbesondere die gefühlsmäßigen Vorgänge während der therapeutischen Zweierbeziehung von besonderer Bedeutung sind, um Inhalte des Unbewußten zu erfassen, d. h. sie in die Erinnerung zu bringen. Ferner spielt hierbei der Widerstand gegen das Erinnern eine Rolle. Schließlich muß gesagt werden, daß der unbewußte Seelenbereich auch Träger von Erbanlagen ist; ein Aspekt, der meines Wissens bisher in der Tiefenpsychologie zu wenig Berücksichtigung fand.

Endlich ist darauf hinzuweisen, daß unbewußte Prozesse, von

denen im folgenden weiter die Rede sein wird, auch in der Sprache der Bibel Erwähnung finden, insbesondere dann, wenn von dem »Inwendigen des Herzens« von der »Verborgenheit der Seele« oder der »Verborgenheit des Herzens« die Rede ist (Schriftstellen siehe Kap. 2.7; 3.3.2), und schließlich darf auch der Tiefenaspekt der Schöpfung hier nicht fehlen. In diesem Zusammenhang ist unbedingt darauf hinzuweisen, daß der Aspekt des »Bösen«, der im folgenden der Darstellung einen relativ engen, aber bedeutsamen Raum einnehmen wird, sehr viel zu tun hat mit dem Unbewußten der Seele. Das Böse ist unbewußt, die Tatsache der Erbsünde ist unbewußt. Mit diesen Aussagen gerät der biblische Anthropologe in Widerspruch zum Psychoanalytiker, zur Humanwissenschaft ganz allgemein, welche den Begriff des Bösen in dieser Form nicht anerkennt, sondern relativiert und zu umschreiben versucht. Demgegenüber kennt die Tiefenpsychologie von C. G. Jung den Begriff des Bösen; aber auch in der Deutung dieser tiefenpsychologischen Schule wird der Begriff des Bösen zu einer rein meta-psychologisch-religiösen Metapher, welche im Gegensatz steht zur biblischen Anthropologie.

2.2 Was sind *unbewußte Prozesse,* von denen hier die Rede ist? Es ist das Wirksamwerden von Erfahrungen, Erlebnissen und Gefühlen, die mir früher einmal bewußt waren, aus bestimmten Gründen aber unbewußt geworden sind (S. 12 unserer Arbeit »Seelische Krankheit-Heilung und Heil«). Hierbei handelt es sich um Enttäuschungen, Kränkungen, Verletzungen, Beleidigungen; also um Erfahrungen der frühen Kindheit in Beziehung zu den Primärpersonen, Vater und Mutter, die – vergessen worden sind und später aus bestimmten Gründen wiederbelebt werden und neu in Erscheinung treten. Diese später auftauchenden unbewußten Konflikte in der Maske von psychischen und oft auch körperlichen Symptomen bedürfen der Heilung. Während die Psychotherapie ganz allgemein die »Heilung« versucht durch das Aufdekken, das Bewußtmachen dieser vergessenen Bewußtseinsinhalte in dem Versuch, sie in die aktuelle Person zu integrieren, könnte der biblisch orientierte Christ, der genau um die Bedeutung der Erlösungstat Jesu Christi weiß und in der paulinischen Theologie verankert ist, zu dem Schluß kommen, daß diese besondere Arbeit des Aufdeckens überflüssig geworden ist, weil die gesamte Vergangenheit des Menschen – unter die Vergebung, die Kraft der Versöhnung, gekommen ist, sobald er zum Glauben an Jesus Christus gefunden hat. In den Kapiteln 5–8 des Römerbriefes wird entscheidendes darüber gesagt.

2.3 Wenn in dieser Schrift dennoch die Meinung vertreten wird, daß beides: die vollkommen vollbrachte Erlösung des Menschen durch das Opfer Jesu Christi und auch das Wiederentdecken des Vergangenen sich nicht ausschließen müssen, sondern sich sinnvoll ergänzen können, so aus folgenden Gründen:

2.3.1 Das Opfer *Jesu Christi, welches als einmalige Tatsache geschehen ist, muß in den Bereich der menschlichen Erfahrung eindringen.* Es muß zu einer subjektiven Gewißheit werden, d. h. es muß eindringen in alle Bereiche meines Lebens, insbesondere auch in meine Vergangenheit. Das Stichwort »Heilung der Erinnerung« besagt, daß in der Regel das Dilemma des Menschen herrührt von dem Unheil aus seiner Vergangenheit. Dieses Unheil soll unter das Heil Christi gebracht werden. Der Weg hierzu ist, daß das Unheil bewußt wird, daß es benannt wird, erkannt, wahrgenommen, angenommen und in der Folge konfrontiert werden kann mit dem Opfer Jesu Christi. Dieses Konfrontiertwerden ist ein Akt der Freiheit, der in der Seelsorge geschehen kann.

2.3.2 Der Seelsorger vermittelt Offenbarung durch seine Erfahrung hindurch. Erfahrung und Offenbarung gehören zusammen (Paul Schütz). Die tägliche Erfahrung mit mir selbst und mit meinen Patienten im Umgang mit unseren täglichen Lebensproblemen zeigt mir, daß im täglichen Gespräch, im Zweiergespräch der Seelsorgesituation, Grenzen wahrnehmbar werden, an denen wir nicht mehr weiterwissen. Das Schwergewicht der biographischen Probleme, die sich mir auftun, welche die Beziehungen zu meinen Patienten gestalten, prägen, vertiefen und auch immer wieder neu belasten: Dieses Schwergewicht drückt in die Tiefe, läßt oft verzweifeln, führt zur Ratlosigkeit, Ohnmacht und Resignation. Hier muß sich nun zeigen, ob die Person des Seelsorgers hörfähig, wahrnehmungsfähig ist! Bei dieser Wahrnehmungsfähigkeit geht es um die allgegenwärtige Möglichkeit der Offenbarung neuer, schöpferischer, inspirierender Gedanken, Ideen, ja Eingebungen einer fremden, außer mir stehenden, unverfügbaren Macht, die in Beziehung treten will zu dem Seelsorger und über den Seelsorger auch dem Hilfesuchenden vermittelt werden könnte und möchte. Seelsorgerlich formuliert: In die Erfahrung des Seelsorgers soll eindringen die Offenbarungsmacht des Wortes, welche ihm Jesus Christus vermittelt. Diese Offenbarungsmacht darf der Seelsorger hineinsprechen und dolmetschen in die Situation des Hilfesuchenden, des Kranken, gerade auch in die Situation seiner frühen Kindheit, wenn sie angemessen durchforscht und herausanalysiert worden ist. In die Erfahrung der frühen Kindheit darf eindringen die Offenbarung der göttlichen Erlösung. Die Konfrontation der frühen Kindheitssituation mit der göttlichen Offenbarung im aktuellen Beziehungsgefüge von Hilfesuchendem und Helfer führt zur Heilung der Erinnerung. Die Konfrontation ist ein bewußter Vorgang und bedeutet, daß das Vergangene, welches vergessen war, in die Erinnerung gebracht wird, also bewußt wird und als bewußt gewordene Erinnerung unter das Heil der Erlösung kommt. Diese Erlösung geschieht jedoch nicht automatisch, wie von selbst, sondern ist ein schöpferischer Akt Gottes mit dem Menschen, der sich in Freiheit Gott hingeben will. Auch die Hingabe der Vergangenheit soll in diesen schöpferischen Akt einbezogen sein.

An dieser Stelle scheint hilfreich ein erster kurzer Exkurs über das unterschiedliche Vorgehen in Psychotherapie und Seelsorge (siehe auch Abschn. 4.2.4). Die psychotherapeutische Zweierbeziehung ist gekennzeichnet durch ein besonderes Wahrnehmungsvermögen des Therapeuten, welches mit Hilfe einer bestimmten Technik, die vorwiegend durch Hören, Schweigen und Intervenieren gekennzeichnet ist, wirksam werden möchte. Hierbei ist von vorrangiger Bedeutung, daß aktuelle Beziehungsprobleme, wie sie im Hier und Jetzt der Beziehung deutlich werden, eine Spiegelung sind frühkindlicher Beziehungsprobleme, wie der Hilfesuchende sie früher, etwa in der Beziehung zu Vater und Mutter, wahrnehmen konnte. Dies wahrzunehmen und entsprechend zu deuten ist in einem ersten Schritt die Aufgabe des Psychotherapeuten. Hierbei spielen Widerstände gegen diese Deutung eine große Rolle. Daraus entwickeln sich Übertragungsgefühle (des Hilfesuchenden gegenüber dem Therapeuten) und Gegenübertragungsgefühle (des Therapeuten gegenüber dem Hilfesuchenden). Auch diese Gefühlskonstellationen sind für das Wahrnehmungsvermögen früherer Prozesse von entscheidender Bedeutung. Es muß einer späteren Arbeit vorbehalten bleiben (siehe auch Nachwort), um auf diese Gesichtspunkte näher einzugehen. An dieser Stelle jedoch ist festzuhalten, daß auch der Seelsorger dieses Wahrnehmungsvermögen entwickeln sollte, um angemessen helfen zu können. Die wahre Hilfe ist zunächst ein vertieftes Verstehen, ein Erfühlen und Erspüren der wirklichen (unbewußten) Probleme seines Hilfesuchenden. Erst wenn diese angemessen verstanden sind, können richtige, d. h. angemessene Antworten der Hilfe, entsprechende Handlungsanweisungen erfolgen; vorher führen diese Anweisungen in der Regel zu vermehrtem Widerstand, zur Abkapselung, zur Isolierung, etwas provozierend gesagt zum Tod der Beziehung und damit zum Boykott der Hilfe. Weitere Einzelheiten siehe im nächsten Kapitel.

2.3.3 Folgendes Schema soll das Gemeinte verdeutlichen:

Abb. 1:

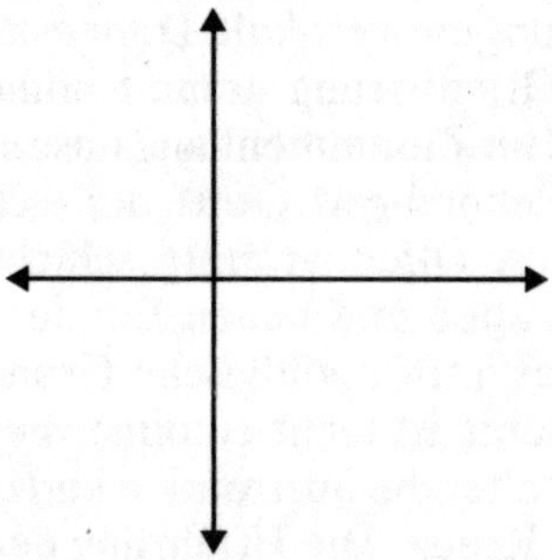

Die Selbsterfahrung des Menschen, eingefangen, dargestellt und zum Ausdruck gebracht in den verschiedenen Humanwissenschaften, strebt jeweils auf der einen Dimension, der horizontalen Ebene, von einem Ursprung an ein Ende. Dies ist auch das Ziel der biographischen Arbeit am Menschen: durch Aufdecken, analysierendes Wahrnehmen bis weit in die Vergangenheit zurück den Versuch unternehmen, die Ursprünge seelischen Schadens, seelischen Leidens, seelischer Krankheit aufzudecken und durch Erinnern, Deuten, Durcharbeiten eine Rekonstruktion und Wiederaufnahme in die »gegenwärtige Person« zu versuchen. Dieser Versuch konstelliert den psychotherapeutischen Heilungsvorgang. Hierbei spielt die Arbeit am Widerstand (Widerstand gegen das Aufdecken) und die Übertragungsbeziehung (in der Gegenwart des Therapeuten) eine entscheidende Rolle. Rekonstruiert werden kann ja nur deshalb, da im Hier und Jetzt jemand ist, der das Defizit des Vergangenen wahrnehmen, aufnehmen und helfen kann, neu zu verarbeiten. Dieser psychotherapeutische Heilungsvorgang stößt aber immer wieder an Grenzen: an Grenzen des Therapeuten, Grenzen seines Wahrnehmungsvermögens, Grenzen des Erkennbaren, des Wahrnehmbaren, des Durchschaubaren überhaupt.
Hier setzt nun die andere Dimension, die vertikale Dimension ein: Sie weiß und rechnet mit dieser Grenzerfahrung menschlichen Vermögens, welche eine fundamentale Grunderfahrung

menschlichen Daseins überhaupt ausdrückt. Immer wieder stößt der Mensch in seiner Erfahrbarkeit an Grenzen, die nicht mehr überschritten werden können. Er stößt an Grenzen des Unverfügbaren. Er stößt an die Grenze, die er selbst darstellt. Der Mensch, ein erlösungsbedürftiges, begrenztes Wesen; begrenzt in seinem Denken, in seiner Erfahrung. Da die Erfahrbarkeit selbst begrenzt ist, d. h. selbst erlösungsbedürftig ist, öffnet sich dem, der sich auf das Grenzenlose, das Unverfügbare einlassen will, eine neue Dimension, die vertikale Dimension, welche Offenbarung konstelliert. Offenbarung kommt immer, im Bild gesprochen, von oben und im Zusammenhang unseres Themas sagen wir konkret von dem lebendigen Gott, der sich in Jesus Christus geoffenbart hat. Diese Offenbarungsgeschichte ist niedergelegt in der Geschichte des alten und neuen Bundes.
Wir stellen fest: Das anthropologische Grundkonzept des Alten und Neuen Testaments ist nicht eindimensional sondern zweidimensional, es beinhaltet die horizontale und die vertikale Dimension, dargestellt im Kreuz. Die Erfahrung der Grenze bedarf der Offenbarung, um überschritten zu werden. Die Grenz-Erfahrung führt zur Grenz-Überschreitung, wenn Offenbarung hinzukommt: Der Einbruch des Göttlichen (auf der vertikalen Ebene) in die Erfahrbarkeit des Menschseins (auf der horizontalen Ebene). So wird Sinn und Freiheit erfahren, indem die Offenbarung Erfahrung überhöht, überschreitet, auf Gott hin bezieht.

Eine Psychotherapie ohne Gott ist wie eine Frühlings-Wiese ohne Blumen

So ermöglicht die Offenbarung Freiheit und Sinn. Sie erzwingt sie nicht unbedingt. Sie ermöglicht es dem Menschen, sich in Freiheit zu öffnen für das Offenbarungsgeheimnis.
In der Begegnung dieser beiden Ebenen, der horizontalen und der vertikalen, treffen sich Psychotherapie und Seelsorge, oder anders formuliert, treffen sich Lebenshilfe und Glaubenshilfe.
Dies ist die »existentielle Vorentscheidung« der folgenden Darstellung: daß die Inhalte und Wahrnehmungen einer biographischen Analyse, das Wahrnehmen und Rekonstruieren der frühen Vergangenheit in die Gegenwart unter Verwendung von Einfällen, Träumen und anderen Zugangswegen in das Unbewußte, welche die Psychotherapie lehrhaft zu vermitteln versucht, in Beziehung gebracht werden auf eine Entscheidung hin: auf Entscheidung für die Offenbarung. Diese Vorentscheidung drückt aus eine *Wahlentscheidung für den Glauben,* eine Wahlentscheidung für die Offenbarung als Akt der Freiheit und des Glaubens. Sie ist ein Wagnisschritt, der nicht gefordert, aber zugemutet werden kann demjenigen, der sich diese Entscheidung zumuten läßt.

In der Psychotherapie gibt es diese Dimension Gott-Mensch nicht, sondern nur die Dimension Mensch-Mensch. In diesem Zusammenhang ist der Begriff der Sünde, des Bösen hinfällig. – Es gibt allenfalls den Begriff der Schuld dahingehend, daß ein Mensch gegenüber dem andern schuldig wird, d. h. Fehler macht.

2.4 Was beinhaltet diese Wahlentscheidung? Was ist existentieller Glaube?

Der folgende Formulierungsversuch kann nur vorläufig sein, er kann auch einer echten Definition nicht entsprechen, aber er versucht in Begriffen der Psychologie annähernd auszudrücken, was in dem Spannungsfeld zwischen Erfahrung und Offenbarung gemeint sein könnte: *Glaube ist Verinnerlichung, Vergegenwärtigung und Vergewisserung des Unverfügbaren, im Akt der Freiheit aufgrund von Offenbarung* (siehe auch Kap. 3.2.8). Durch Verinnerlichung, Vergegenwärtigung, Vergewisserung wird Unverfügbares verfügbar! Das Unverfügbare kann sich nur mitteilen durch Offenbarung. Das offenbar Gewordene bedarf der Verinnerlichung, damit es in den Erfahrungsraum (Erinnerungsraum) Eingang finden und von hier aus immer wieder neu vergegenwärtigt werden kann. Aus der Vergegenwärtigung wächst die freie Tat, aus der Vergewisserung des Geschehenen die immer neue schöpferische Aktivität im Handlungsraum der Freiheit.

Glaube ist Neuschöpfung! Glaube ist niemals nur Entwicklung. Entwicklung können wir zur machbaren Welt in Beziehung setzen. Entwicklung verbindet Ursache und Wirkung. Schöpfung dagegen, Neuschöpfung gründet in dem Unverfügbaren und rechnet damit, daß es sich über seelische Wahrnehmung (Einfälle, Intuition, Inspiration) in den verfügbaren Raum des Menschseins mitteilt. »Das Unverfügbare gibt uns ein Zeichen in seinem Nein, (und in seinem Ja – der Verf.) im Spürbarwerden einer Schranke, die unsere ganze Existenz durchzieht. Die Schranke ist in ihrer Versagung allgegenwärtig: im Unfertigen, Unerklärbaren, im Schmerz, im Tod« (Paul Schütz).

Somit steht der Glaube, von dem hier in vorläufigen Aussagesätzen die Rede ist, zwischen Erfahrung und Offenbarung. Glaube ist jener Akt der Freiheit, der im Schnittpunkt verbindet und verbündet Erfahrung auf der horizontalen Ebene menschlicher Entwicklung und Offenbarung auf der vertikalen Ebene als Ausdruck des Verfügbarwerdens von Unverfügbarem. Offenbarung ist Enthüllung. Enthüllung erfolgt immer als Neuschöpfung für das sich entwickelnde Leben, welches neuer Impulse bedarf. *Die Zwangsläufigkeit und Eigengesetzlichkeit und Todesbefangenheit der rei-*

nen Entwicklung aus Ursache und Wirkung, welche durch kausales Denken bestimmt und ausgedrückt ist, soll erhöht und übersprungen werden, ja gleichsam überwunden werden durch immer neue aktuelle Akte der Freiheit, ausgedrückt im Wagnis des Glaubens. Dieses Glaubenswagnis ist nur möglich im neugewonnenen Beziehungsverhältnis des Urvertrauens zu dem, der aus der Unverfügbarkeit heraus sich zu erkennen gibt als derjenige, der das Unverfügbare benennt, mit einem Namen benennt: Dieser Name lautet »Ich bin«! Dieser »Ich bin« ist der, von dem das Alte Testament bezeugt: Ich bin der Gott Abrahams, Isaaks und Jakobs, der Vater Jesu Christi! Ich bin der ich *da* bin, der ich *da* sein werde – gestern, heute und morgen.

2.5 Im folgenden wird der Versuch unternommen, *ein schöpfungsgemäßes, christologisch-anthropologisches Menschenbild aufzuzeigen, demzufolge und auf dessen Ziel hin »Umkehr« erfolgen soll.* Die Bedeutung des Wortes Umkehr in diesem Zusammenhang kennzeichnet eine Deutung des Menschen: Diese Deutung besagt, daß der Mensch ein Geschöpf ist, ein geschaffenes Wesen, und zugleich ein erlösungsbedürftiges Wesen. Die *Erlösungsbedürftigkeit* ist ausgedrückt in dem theologischen Begriff des Sünder-Seins. Dieser theologische Begriff hat aber eminent praktische Bedeutung, welche in dieser Schrift deutlich werden soll. Sünder-Sein heißt Mensch-Sein. Sünder-Sein kennzeichnet sein Wesen als Mensch – vor Gott. Während dieses Schuldig-gewordensein (in der Vergangenheit) immer wieder neu wach wird durch Umstände, aktuelle Konflikte (der Gegenwart), . . . kann in der Seelsorge die »Sünde des Menschen« in der Konfrontation mit dem Opfer Jesu Christi, welches als eine göttliche Heilstatsache angesehen werden muß, einmalig aufgehoben werden (Röm. 6, 1–14). Ein Lebenszeugnis soll das Gesagte kurz verdeutlichen.

2.6 Lebenszeugnis

Was nützt es, wenn ich meine Vergangenheit und mein Unbewußtes weiß?
Ein seelsorgerlich-psychotherapeutischer Erfahrungsbericht.
»Wann meine Krankheit begonnen hat, kann ich gar nicht genau sagen.
Soweit ich mich zurückerinnern kann bis in meine Vorschulzeit, bin ich depressiv. Alle Beurteilungen während der Schulzeit

hatten denselben Wortlaut: ›Zu still – zu zurückhaltend – könnte mehr aus sich herausgehen – müßte mehr mitarbeiten – müßte sich mehr am Unterricht beteiligen.‹ Einige Versuche meinerseits, aus mir herauszugehen, sind fehlgeschlagen. So hat meine Umgebung mich weiterhin still, angepaßt, schüchtern erlebt. Man mochte mich – vielleicht deshalb. Aber ich mochte mich nicht. Mir war das Leben eine einzige Last. Keine Freude, keinen Antrieb und immer die Frage ›wozu‹? Es hat ja doch keinen Sinn. So habe ich zurückgezogen in meiner Welt gelebt, unzufrieden damit, daß ich überhaupt am Leben sein mußte. Die Einzigen, die mir Aktivität und Freude entlockten, waren meine Musiklehrer. Sie haben meine Musikalität erkannt und gefördert. Ich fühlte mich wohl – hier galt ich etwas – hier wurde ich be- und geachtet. Hier habe ich auch einiges gewagt. Hier habe ich ›gelebt‹ – sonst war ich für meine Umgebung wie ›nicht da‹. Während der Pubertät kam dann meine erste depressive Krise. Das Leben lief einfach wie ein Film an mir vorbei. Ich war traurig und lebensmüde. Es war niemand da, der mich verstanden hätte.
Ich bin in einem gläubigen Elternhaus aufgewachsen. Von frühester Jugend an habe ich Gottes Wort gehört und auch eine positive Einstellung dazu gefunden. Es war ein Verzweiflungsschritt, als ich mit 13 Jahren Gott gebeten habe, mir doch ein frohes Herz zu geben. Ich wolle ihm dafür aus Dankbarkeit mein ganzes Leben in seinen Dienst stellen. Mir war das sehr ernst. Und mein Versprechen habe ich gehalten. Besser – Gott hat mich gehalten. Aber er hat mich einen schweren Weg geführt.
Ein halbes Jahr vor meinem Krankenpflegeexamen kam die Depression ganz massiv über mich. Die Arbeit wurde mir zur Qual. In der freien Zeit schloß ich mich in mein Zimmer ein. Ich wollte niemand sehen und hören – nur sterben. Nach einigen Monaten verschwanden die schweren Symptome wieder. Aber so richtig »gelebt« habe ich eigentlich nie. Es ging in Phasen auf und ab.
An jeder Arbeitsstelle wurde ich geschätzt. Ich versuchte ja auch, alles so gut wie möglich zu machen. Kritik hätte ich kaum ertragen können. So habe ich die Anforderungen an mich immer höher geschraubt, bis ich eben nicht mehr konnte. Kein Antrieb, keine Kraft, keine Freude, körperliches Versagen, und immer die quälende Frage: »Was soll das alles?«
Ich bin von Gott mit vielen musischen Gaben beschenkt worden. Aber ich habe auf diesem Gebiet nie eine Ausbildung machen dürfen. Alles sollte ich so können. Und das war mir zu schwer. Die Zeiten zwischen den Tiefs wurden mit den Jahren immer kürzer.

Trotzdem habe ich noch die Ausbildung als Erzieherin gemacht. Aber nach zwei Jahren Leitung im Kindergarten mußte ich kapitulieren. Es ging nicht mehr. Ein Versuch, die musische Arbeit in einem Altenheim zu übernehmen, schlug fehl. Ich habe versagt. Die Depression hatte mich total in Beschlag genommen und mich innerlich lahmgelegt.

Mir ist nichts anderes übriggeblieben, als mich in ambulante psychotherapeutische Behandlung zu begeben. Ich danke Gott, daß er mir da den Weg zu einer gläubigen Ärztin frei gemacht hat. Während der zwei Jahre ambulanter Therapie habe ich gelernt, mich selbst zu hinterfragen. Ich mußte zu meinem Leben und zu meiner Vergangenheit Stellung nehmen. Wie oft bin ich da in der ersten Zeit verzweifelt von einem Gespräch nach Hause gekommen und habe mich gefragt: »Was nützt es, wenn ich meine Vergangenheit beleuchte, wenn ich weiß, warum ich so bin, wenn ich weiß, daß das so ist, weil in meiner Vergangenheit vieles falsch gelaufen ist. Was bringt's?« Lange habe ich darauf keine Antwort gefunden. Ich habe mit Angst auf das mir unbekannte Vergangene gestarrt – und meine Angst wurde immer größer und hat mich oft gelähmt.

Über ein Jahr konnt ich keine Arbeit ausüben. Mein Zustand hat sich verschlechtert – ich bat um einen Klinikaufenthalt. 14 Wochen brachte ich dort zu. Die Diagnose lautete: endogene Depression. Ich suchte Hilfe durch das Medikament. Obwohl ich im ambulanten Gespräch wesentliche Hilfen erfahren hatte, erwartete ich während des Klinikaufenthaltes nicht viel vom Gespräch. Ich hatte nun mal meine Depression und wartete ab, ob sich durch entsprechende Medikamente etwas ändern würde. Mein Zustand besserte sich nur langsam. Bald nach der Entlassung rutschte ich wieder ins Tief. Ein Jahr später – zweiter Klinikaufenthalt – wegen Therapieresistenz. Diese zweite Klinikaufnahme war in meinem Leben der Beginn zum Leben überhaupt. Es begann mit einem massiven Ärger über den Arzt, der von Anfang an behauptet hat, meine Depression sei *nicht* endogen. Jetzt begann wieder das »Wühlen« in der Vergangenheit.

Heute bin ich für diese ›Wühlen‹ und ›Graben‹ und Aufdecken sehr dankbar. Es ist gut, wenn man mögliche Ursachen sehen lernt, wenn eigenes Fehlverhalten erkannt werden kann und die Ursprünge dazu entdeckt werden. Ich kann so ein anderes Verhalten einüben, d. h. ich kann lernen, mit dem Erkannten umzugehen. Das hört sich jetzt ganz leicht an. Aber es ist ein schwerer und langer Weg. Vor eineinhalb Jahren bin ich in der Klinik als gebessert entlassen worden, stehe seit dieser Zeit das erste Mal in

meinem Leben voll im Arbeitsprozeß – aber völlig heil bin ich noch nicht. Gott hat seit dieser Zeit sehr viel an mir getan. Aber er ist noch lange nicht ›fertig‹. Ich bin Gott sehr dankbar, daß er mir nicht nur einen guten Arzt, sondern auch einen Seelsorger in einer Person ›verordnet‹ hat, der mich in seel.-ther. Gesprächen bis heute begleitet.
Wie sehe ich heute meine Vergangenheit?
Da erwartet eine Schwesternhelferin während des letzten Kriegsjahres ein Kind. Der Ehemann ist irgendwo an der Front. Plötzlich erhält sie die Nachricht, daß ihr Mann untreu geworden ist. Ein harter Schlag. Das ungeborene Kind – das ist die Hoffnung der jungen Frau. Das Kind wird die Ehe ›kitten‹. Und so war es auch. Bereits als ungeborenes Kind wurde eine hohe Anforderung an mich gestellt. Alle Erwartungen hat meine Mutter auf mich gelegt. Und dann war ich da. Mein Vater wußte nichts von meiner Existenz – meine Mutter wußte, daß er vermißt und später in Gefangenschaft war. Ich war der ›Ersatz‹, der ›Trost‹, außerdem der einzige ›Besitz‹ meiner Mutter. Ihre sehr autoritären Eltern ließen ihr keine eigenen Entfaltungsmöglichkeiten. Meine Mutter lebte nur für mich. Sie arbeitete in den frühen Morgenstunden, um am Tag für mich Zeit zu haben. Manches Kind wäre froh, wenn es eine solche Mutter hätte. Aber für meine Entwicklung war Mutters Verhalten ein Hindernis. Meine Mutter spielte mit mir, sie versorgte mich ängstlich hütend. Sie wollte mich ja festhalten als das Einzige, was sie besaß, nicht für mich, sie tat das alles für sich selbst. Bei aller Zuwendung war ich so ein ungeliebtes Kind. Und genau das habe ich immer im Elternhaus empfunden. Ich fühlte mich nie richtig geliebt. Meine Eltern taten zwar alles für mich, soweit sie es konnten. Aber die emotionale Liebe blieb aus. Wut und Ärger sind nach dem Wissen über meine früheste Vergangenheit in mir hochgestiegen. Ich habe meine Mutter gehaßt. Ich habe mich selbst gehaßt und bemitleidet. Und ich wollte sterben. Meinen Auftrag hatte ich ja erfüllt: Die Familie blieb zusammen! Was fange ich nun mit dem an, das ich aus der psychotherapeutischen Praxis erkannt habe? Was mache ich mit meiner Wut? Es folgen Schuldgefühle. Was mache ich damit? Mich selbst bestrafen, indem ich mich umbringe? Soll das Psychotherapie sein?
Aber bevor ich von der Seelsorge schreibe, muß ich noch einiges über meinen Vater erzählen. Ihn trifft noch mehr Haß von meiner Seite. Ich habe ihn immer als autoritären Mann erlebt, der in der Familie das Sagen hatte. Er hatte immer Recht, auch wenn er nicht recht hatte. Was er sagte, was er tat, war ›gut‹. Was *ich* sagte

oder tat, wurde unter den Tisch gefegt. Ich habe darunter gelitten, daß Vater zwar fromm *tat*, aber nicht so lebte. So habe ich mich in meine Welt zurückgezogen. Ich habe zwar alles voll wahrgenommen, was um mich her geschah – aber dazu einen Beitrag liefern wäre sinnlos gewesen. So habe ich still sein, dulden und schweigen gelernt. Heute leide ich darunter, daß ich in einer Gruppe nicht reden kann. Ich habe Angst, genau so unangenehm aufzufallen, wie mir mein Vater in solchen Situation unangenehm war. Ich habe mich oft seiner geschämt. Als ich älter wurde, habe ich festgestellt, daß ich in meiner Art, in meinen Begabungen und in meiner Unart meinem Vater haargenau gleiche. Und dagegen habe ich mich mit aller Gewalt gewehrt.
Ich habe mich so nach und nach vom Elternhaus zurückgezogen. Es war mir ein ›Muß‹, meine Eltern wenigstens einmal zwischendurch zu besuchen. Wir hatten uns nichts mehr zu sagen. Im psychotherapeutischen Gespräch wurden mir sehr viele Kränkungen und Verletzungen bewußt gemacht, die mir durch die Fehler und Schuld anderer (Erziehung) zugefügt worden sind. Aber jedes neue Erkennen aus der Vergangenheit konnte ich im Gebet an Gott abgeben. Wir nennen es Absage- oder Lossagegebet. All das, was mich belastet, was mir an Kränkung und Verletzung zugefügt worden ist, alle Aggression, die Wut darf ich Gott einzeln nennen und ihm unter sein Kreuz legen. Ich habe erfahren, daß dann erst Gott anfängt, an mir zu arbeiten. Er zeigt mir eigene Schuld auf – und befreit. Er deckt auf und schafft neue Beziehungen. Das geht nicht von heute auf morgen. Was ein Leben lang schief gelaufen ist, kann nicht in ein paar Wochen geändert werden. Das mutet Gott uns auch nicht zu. Das könnten wir gar nicht verkraften. Ich habe in der Arbeit Gottes an mir eine deutliche Steigerung seiner Anforderungen gemerkt. Er verfährt so mit mir, wie ich es gerade brauche und verkraften kann. Der Arzt ist dabei sein Werkzeug. Wie froh war ich nach dem ersten Absagegebet. Und wie deprimiert war ich, als die nächste depressive Phase kam! Ich habe innerlich rebelliert. Gott mußte mir erst nach und nach klarmachen, daß er einen langen Weg mit mir vorhat. Mit der Zeit habe ich in den jeweiligen Tiefs fragen gelernt: ›Was will mir Gott jetzt wieder zeigen?‹ So geht die therapeutische Seelsorge immer weiter. Gott deckt neue Stellen auf, legt seinen Finger auf Wunden in meinem Leben, so daß ich sie als Schmerz empfinde, er stellt mich in sein Licht, so daß ich mich nach und nach selbst erkenne. Ich bin jedesmal glücklich, wenn wieder etwas aus dem Unbewußten hervorgeholt werden und bei ihm abgelegt werden konnte.

Bereits voll im Dienst habe ich mich noch oft als ›krank‹ erlebt. Immer wieder kamen Resignation und der Gedanke an Selbstmord. Gerade in eine solche Zeit hinein sagte mir Gott durch einen Christen: ›Gott will, daß ich lebe.‹ Diesen Satz habe ich mir oft laut immer wieder vorgesagt. Ich habe ihn nun so abgewandelt: ›Gott will mich ganz heilen, bis in mein tiefstes Unterbewußtes hinein.‹ Ich staune, was immer noch an Unbewußtem aus meiner Seele herauskommt! Gott führt mich Schritt für Schritt weiter. In einem Kreis von Christen, die untereinander im offenen (therapeutischen) Gespräch stehen, wurden mir die Hände aufgelegt und um Heilung gebeten. Gott antwortete, indem er mir aus der Gruppe heraus hat sagen lassen, daß bei mir ein *innerer Widerstand* da sei. Ich bin darüber sehr erschrocken.
Plötzlich wurde mir beim Nachdenken klar, daß ich ja eigentlich gar nicht gesund werden will. Bisher hatte ich das immer fromm bemäntelt gesagt, ›Gott will meine Krankheit, damit seine Herrlichkeit groß werden kann.‹ Heute denke ich anders: ›Gott will *meine Heilung*, damit seine Herrlichkeit offenbar wird.‹ Aber damals ist mir bewußt geworden, daß es eigentlich ganz bequem ist, in die Krankheit zu fliehen, wenn es schwierig wird. Da müssen die anderen dann eben auf mich Rücksicht nehmen; ich habe ein Recht, beachtet zu werden, denn ich bin ja krank. Ich hatte somit eine hohe Erwartungshaltung an meine Umgebung. Ich bin schuldig geworden und habe mich außerdem auch einer Selbsttäuschung hingegeben.
Das war also der innere Widerstand, der erst aufgegeben werden mußte, damit Gott mehr tun konnte. All das habe ich wieder vor Zeugen in einem Absagegebet Gott unter sein Kreuz gebracht. Es folgte eine gute Zeit – bis zur nächsten Krise. Gott tut seine Arbeit gründlich. Manchmal meine ich, die letzte Krise ist jeweils die schlimmste. Es tut weh, wenn Gott handelt – aber aus jeder Krise gehe ich verändert hervor. Stück um Stück bringt Gott mich weiter. In den letzten Wochen und Monaten merke ich, wie der Feind Gottes absolut dieses Handeln Gottes zunichte machen will. Ich spüre den Kampf geradezu körperlich. Eine Zeit tiefster Dunkelheit, Depression, Finsternis liegt noch nicht zu lange hinter mir. Die Aggression ist wie bei einem Vulkan aus mir herausgebrochen. Ich war nicht mehr ›ich‹. Ich fühlte mich zerrissen und gequält und angefochten von pausenlosen Appellen meiner Gedanken, mich umzubringen. Gott hat es mir zugemutet, die finstere Macht, die durch okkulte Belastung meiner Väter und Vorväter auf mir lag, aufzuzeigen, sie ein stückweit mit zu durchleiden. Ich konnte nichts anderes tun, als erneut vor Zeugen

alle diese Belastungen im Gebet zu nennen, den Sieg Jesu zu rühmen und mich ihm bewußt erneut zu übergeben. Mir ist bewußt, daß in der Tiefe meines Unbewußten noch sehr viel ist, was ans Licht muß. Das jeweilige Erkennen und dazu Stehen ist nicht leicht. Gott zeigt mir jetzt schon lange nicht mehr nur Dinge aus der Vergangenheit, die mir durch andere zugefügt worden sind. Mehr und mehr zeigt er mir *mein* Versagen, *meine* Schuld und Unerlöstheit. Jetzt kann ich mich nicht mehr entschuldigen und die Schuld z. B. auf meinen Vater schieben, weil ich eben genauso bin, wie er – so quasi, daß ich sein Erbe mit mir herumschleppe. Jetzt weiß ich, daß ich eine eigenständige Person, einmalig von Gott geschaffen bin und somit auch für mein Tun und Lassen selbst verantwortlich bin.
Psychotherapie hilft aufdecken. Dafür bin ich dankbar. Aber ich danke Gott, daß er mir im seelsorgerlichen Gespräch hilft, mein Leben Stück um Stück Gott abzugeben. Leider tue ich es nicht immer. Manches halte ich unbewußt fest, starre auf mich, bin auf mich fixiert – und versage. Aber immer wieder ist es Gott, der im seelsorgerlich-therapeutischen Gespräch an mir arbeitet und meinen Heilungsprozeß vorantreibt. Mir hat sich ab und zu die Frage aufgedrängt: ›Warum braucht Gott so lange? Er könnte mich doch mit einem Mal gesund sein lassen!‹ Aber mir ist klar geworden: Gott, der Schöpfer will mich, sein Geschöpf im Innersten meines Wesens zu dem Original umgestalten, das er sich von Anfang an gedacht hatte, als er mich geschaffen hat. Daß er zu dieser Umgestaltung meine aktive Beteiligung will, macht mich froh und dankbar.«

Diesem Lebenszeugnis möchte ich einen kurzen Kommentar hinzufügen. Ich bin der Schreiberin sehr dankbar für die Offenheit dieses Zeugnisses. Ich bin ziemlich sicher, und daher der Kommentar, daß dieses Zeugnis auf unterschiedliche Reaktionen beim Leser und genauen Hin-Hörer stoßen wird. Einige Leser werden sich vielleicht empört abwenden. Sie spüren vermutlich in sich ein heftiges Schamgefühl über diese ungeschminkte, in das Private des Lebens gehende Offenheit. Diese innere Abwehr ist verständlich und auch natürlich. Dennoch müssen wir sagen, daß diese innere, wohl begründete Abwehr wahrgenommen, angenommen und überwunden werden muß, wenn Heilung erfolgen soll. Jeder Leser, der sich innerlich empört über diese Ungeschminktheit, wehrt in sich selbst ähnliche Gefühle der Scham und Schuld ab. In der Überwindung dieser innersten Scham- und Schuldgefühle, in dem Zugeben und Annehmen, daß wir nicht nur dem Namen

nach, sondern der Realität nach – Sünder sind und dieses Sündersein dann auch konkret benennen, diesem Sündersein einen Namen geben, es ganz konkret mit unserem persönlichen Lebensschicksal verknüpfen und nicht schamhaft zudecken – diese Offenheit, die sehr viel Mut erfordert, ist eine unabdingbare Voraussetzung für das Ereignis der »inneren Heilung«. Zunächst muß auf den Tisch – was vor Menschen, vor Gott und schließlich auch vor dem eigenen Gewissen nicht in Ordnung ist. Danach kommt im Absage- und Übergabegebet (siehe Kap. 3.2.8) die schrittweise Loslösung. Erlösung heißt in diesem Sinne Los-Lösung von eigenen krankmachenden Erinnerungen, denn was mich kränkt – macht mich krank.
Vielleicht haben andere Leser eine andere Reaktion gespürt beim Lesen dieses Zeugnisses. Vielleicht sind sie erschrocken und haben schlagartig entdeckt, was auch »bei ihnen nicht in Ordnung sein könnte« und spüren das Bedürfnis nach einer Aussprache. Dieser momentane Impuls sollte dann im Gebet hinterfragt werden: Die Frage ist zu klären, ob bei fehlenden Symptomen eine in die Tiefe führende Therapie oder Seelsorge dran ist, oder ob die Zeit dafür noch nicht reif ist.
An dieser Stelle ist auch auf Grenzen der Seelsorge hinzuweisen: Grenzen an Zeit, die der Seelsorger zur Verfügung hat; insbesondere aber auch Grenzen der inneren Öffnungsfähigkeit und Wahrnehmungsfähigkeit des Hilfesuchenden (siehe auch Kap. 3.2.8 und den Hinweis im Nachwort, daß weitergehende psychotherapeutische Gesichtspunkte einer späteren Arbeit vorbehalten bleiben müssen!) Schwierigkeiten bei der Aufdeckungsarbeit ergeben sich auch durch folgende Gesichtspunkte: psychische Störungen, Krankheiten psychischer Art, ja selbst körperliche Krankheiten werden auf alle möglichen Ursachen zurückgeführt, *nur nicht auf falsche, negative, destruktive Gefühle!* Bevor jemand zugeben kann, daß Scham-, Schuld- und Angstgefühle, von denen in diesem Buch noch öfter die Rede sein wird, eine wichtige Bedeutung haben bei der Ursache sowohl körperlicher als auch seelischer Störungen, vergeht in der Regel lange Zeit. Die Gründe hierfür sind mehrfach: Erstens glauben viele Menschen, sie seien besonders schlecht, wenn sie Scham-, Schuld- und Angstgefühle haben, darüber sprechen sollen und verleugnen sie darum, anstatt festzustellen, daß jeder diese Gefühle hat, ob er sie zugibt oder nicht. Hierbei wird leicht vergessen, daß gerade Jesus selbst sehr menschlich und liebevoll mit diesen Fehlern, Schwächen und Gefühlen umgegangen ist. Diese Sünden und Fehler machen den Menschen nämlich nicht schlechter, sondern menschlicher und

veränderungswilliger; sie zeigen, wer wir sind (siehe auch Kap. 3.2.1).

Zweitens, und das ist ein sehr wichtiger, verhängnisvoller Irrtum: glauben viele, daß ihre Krankheit Gottes Wille sei. Wer so denkt, kann natürlich die Verantwortung hierfür nicht übernehmen, sondern muß glauben, daß er zum Leiden bestimmt sei. Dieses Mißverständnis von Leiden ist äußerst verhängnisvoll, und es bedarf oft längerer Zeit, um in der Aufdeckung dahinterzukommen, daß andere Gründe, in der Regel Enttäuschungen und Kränkungen der Vergangenheit, die aber verleugnet wurden, die Ursache hierfür sind und nicht »Gottes Wille«! Indem ich das Opfer meiner Krankheit bin, weil es Gottes Wille ist, kann ich natürlich nicht für Heilung offen sein! Das Lebenszeugnis geht hier sehr hellsichtig auf diesen Zusammenhang ein.

Drittens fallen mir im Umgang mit Patienten immer wieder starke Schuldgefühle auf, die davon herrühren, daß sie sich ungeliebt fühlen, weil sie zu wenig leisten. Die frühere Erfahrung mit Eltern lautete mehr oder weniger unbewußt: Wenn du Leistungen erbringst, in der Schule gute Noten hast, dann mag ich dich! Andernfalls fühlt das Kind sich ungeliebt und gerät in einen verhängnisvollen Zwang, leisten zu müssen, um geliebt zu werden.

Ein wichtiges Ziel der Aufdeckungsarbeit ist daher, die Unterscheidungsfähigkeit zu entwickeln von erlösendem Leiden (siehe Kap. 4.2.4) und einer falschen passiven Erduldung psychischer Störungen oder körperlicher Krankheiten. Das eine kann Ausdruck empfangener Gnade sein, das andere steht im Widerspruch dazu.

2.7 Abschließend ist noch auf einige terminologische Schwierigkeiten hinzuweisen, die im weiteren Verlauf der Darstellung immer mit berücksichtigt werden möchten: Wenn in biblischer Ausdrucksweise vom »Inwendigen des Menschen« (Ps. 5, 10; Matth. 7, 15; Luk. 17, 21; Röm. 7, 22; Eph. 3, 16) die Rede ist oder von der »Verborgenheit des Herzens« (Ps. 19, 13; 33, 7; 51, 8; 139, 15; Pred. 12, 14; 1. Kor. 4, 5; 1. Petr. 3, 4; Röm. 2, 16) oder von dem Herzen als einem trotzigen und verzagten Ding (Jer. 17, 9) oder von dem untersten Ort der Erde (Eph. 4, 9), bedeuten diese biblischen Bilder – und die hebräische Sprache ist ja im wesentlichen eine Bildersprache – annähernd Sachverhalte, die in tiefenpsychologischer Terminologie mit dem Begriff des Unbewußten benannt sind.

Auch der Begriff des »Fleisches«, welcher in der paulinischen

Theologie eine große Rolle spielt und an vielen Stellen auftaucht, meint etwas Ähnliches. Während aber der Begriff des Fleisches Aspekte der »gefallenen Geschöpflichkeit«, der unbewußten »Sünde« des Menschen beinhaltet, sind die Bilder vom »Herzen« und vom »Inwendigen« im Menschen auch Ausdrücke für Geschöpflichkeit überhaupt, für die Tiefe der Geschöpflichkeit, die nicht nur eine absolut ernstzunehmende, sondern auch eine positive Größe sind und deutlich zu unterscheiden sind von dem negativen Bild-Begriff des »Fleisches«. Wenn in diesem Zusammenhang von »Heilung des Unbewußten« im biblischen Sinne gesprochen wird, dann meint diese Ausdrucksweise, daß »Göttliches« in »Menschliches« eindringt und es verändert auf einmalig charakteristische Weise. Heilung ist ein göttlich-schöpferischer Vorgang, der sich einsenkt in die Tiefe des Menschseins, in das Unbewußte. Heil Gottes – im Menschen – wirkt Heilung – vor Gott!

Danach auch, oder gleichzeitig: Heilung im Menschen, Veränderung der zwischenmenschlichen Beziehungen. – Heilung im medizinischen Sinne meint eher Gesundwerden bestimmter, gestörter organischer oder psychischer Funktionen. Beide Heilungsvorgänge: Heilung im ganzheitlichen Sinne – vor Gott, und Heilung im medizinischen Sinne, können getrennt, aber auch konvergentineinander, gleichzeitig-nebeneinander sich ereignen.

Noch einige weitere Begriffserklärungen: Wenn in Genesis 2, Vers 7 von der »lebendigen Seele« die Rede ist, dann meint dieses hebräische Wort etwas ähnliches, was in griechisch analysierender Sprache ausgedrückt ist mit Psyche und Pneuma, Seele und Geist, Geist-Seele. Während im griechischen Denken der lebendige Mensch als eine Einheit von Leib, Seele und Geist aufgefaßt wird und bildhaft gesagt werden kann, daß Gott – Leben des Geistes des Menschen, »Seele« – Leben des Leibes und »Geist« – Leben der Seele, inhaltlich bezeichnen, könnte im hebräisch-bildhaften Denken stehen: »Und also ward der Mensch eine »lebendige Seele«. Etwas irdisch Totes, – im Bild: Erdenkloß – wird durch den Lebensodem Gottes zu einer »lebendigen Seele« (Gen. 2, 7).

Endlich ist festzustellen, daß der mit dem Bildwort »Fleisch« verbundene Begriff der Sünde im Sinne gefallener Geschöpflichkeit nicht nur das moralisch Böse meint, das einer getan hat oder tut, sondern damit auch mitverstanden werden müssen die gefühlsmäßigen Reaktionen eines Menschen auf die Aktionen (sprich: Verhaltensweisen) anderer. Auch das »Kränkende« als das Krankmachende ist ja Ausdruck von Erlösungsbedürftigkeit; oder anders ausgedrückt: daß ich reagieren muß mit Gefühlen des

Hasses, Wut, Ärger, Neid, Eifersucht, Minderwertigkeitsgefühlen usw. . . . auf das entsprechende Benehmen bestimmter, mir nahestehender Personen, zeigt ja, wie erlösungsbedürftig, unerlöst ich bin.

Dahinter scheint sich zu verbergen jene im Alten Testament festgestellte Tatsache der Bibel, die mit Erbsünde bezeichnet wird und zum Ausdruck bringen möchte, daß »Gott heimsucht die Sünden der Väter an den Kindern bis ins dritte und vierte Glied« (Exod. 20, 5). Ob es sich hierbei um Sünden erster Ordnung (Greuelsünden, Exod. 20, 5) oder andere, schwerwiegende Gebotsübertretungen (Exod. 20, 7–17) handelt, ist m.E. erst in zweiter Linie bedeutsam.

3 Seelsorge: Ermutigung zur Umkehr

3.1 **Der biblische Schöpfungsbericht und die Geschichte vom Sündenfall: Einige anthropologische Aspekte zur Grundlegung seelsorgerlichen Handelns.**

3.1.1 *Der Schöpfer des Kosmos ist der Schöpfer des Menschen.* Auf den ersten Blättern der Bibel, im Buch Genesis, erscheint Gott als der Schöpfer allen Seins. Durch sein Wort ruft Gott die Schöpfung ins Leben. Genesis 1, 3. 4: Gott sprach: »Es werde Licht.« Und es ward Licht. Nach Erschaffung von Raum und Zeit, der Pflanzenwelt, der Gestirne, der Tierwelt, wird die Erschaffung des Menschen berichtet. Das Unfaßliche und über alle Maßen erstaunliche Geheimnis ist, daß der Schöpfer des Universums zugleich der Schöpfer des Menschen ist und – wie das Buch Genesis berichtet – sich dem Menschen offenbart, mit ihm redet. Das Wort der Schöpfung wird also im Munde Gottes zu dem Wort der Anrede an den Menschen. Genesis 1, 26: Und Gott sprach: »Lasset uns Menschen machen, ein Bild, das uns gleich sei, die da herrschen über die Fische im Meer und über die Vögel unter dem Himmel und über das Vieh, über die ganze Erde, über alles Gewürm, das auf Erden kriecht.« Und Gott schuf den Menschen ihm zum Bilde, zum Bilde Gottes schuf er ihn: Und schuf sie, einen Mann und ein Weib. Und Gott segnete sie und sprach zu ihnen: »Seid fruchtbar und mehret euch« (Gen. 1, 27–28). Bemerkenswert in diesem Zusammenhang ist der Hinweis auf die polare Beziehung von Licht – Dunkelheit; Tag – Nacht; fester Raum, Erde – Wasser; Mann – Frau.*

Der Mensch, ein Ebenbild Gottes, Herrscher über die Erde

Im zweiten Schöpfungsbericht (Gen. 2, 7) heißt es: Und Gott, der Herr machte den Menschen aus einem Erdenkloß, und er blies ihm ein den »lebendigen Odem«. Und also ward der Mensch eine *»lebendige Seele«.*

Die Erschaffung des Mannes, Adam, steht im Mittelpunkt dieses 2. Schöpfungsberichtes, der im Garten Eden einen Lebensraum erhält und gleichzeitig damit auch ein *Gebot* empfängt: »Von allen Bäumen des Gartens darfst du essen, nur von dem Baum der Erkenntnis des Guten und Bösen darfst du nicht essen; denn sobald du davon ißt, mußt du des Todes sterben (Vers 17). In den

Gottes Gebot: Leben als Bedingung

* Es empfiehlt sich, die im folgenden genannten Textstellen im Zusammenhang mitzulesen.

folgenden Versen wird die Erschaffung des Weibes aus der Rippe des Adam geschildert. Die Erscheinung der Frau erregt Adam zu dem freudigen Ruf des Erstaunens: »Das ist endlich Gebein von meinem Gebein und Fleisch von meinem Fleisch . . .« (Vers 23). Darum verläßt der Mann Vater und Mutter und hängt seiner Frau an, und sie werden ein Leib sein, und die beiden, der Mann und seine Frau, waren beide nackt, aber schämten sich nicht (Vers 25).

Nach diesem ursprünglichen Schöpfungsplan Gottes ist der Mensch ein Schöpfungsgedanke Gottes. Er war geschaffen nach »dem Bilde Gottes«, Gott ähnlich, gerufen in die Gemeinschaft mit dem Lebendigen, in eine unmittelbare, ungebrochene Beziehung. Gott wollte den Menschen als Partner. Als der große »Ich bin« wollte er das »Du bist« des Menschen. »Ich bin frei, dich rufe ich jetzt in die Freiheit«, so etwa könnte man menschlich den Schöpfungsgedanken Gottes umschreiben. Somit ist das Sein des Menschen ursprünglich ein *Sein in der Freiheit, aber ein freiheitliches Sein in der Abhängigkeit zu Gott.* Gerade darin war seine Freiheit begründet, daß sie ihr Ziel hatte und aufgenommen war in der großen Freiheit Gottes und von dieser großen göttlichen Freiheit abhängig sein durfte. Der freie Gott und der freie Mensch, Partnerschaft in Abhängigkeit: dies war der ursprüngliche Schöpfungsgedanke.

Kennzeichen dieser Freiheit waren *Name* und *Angesicht* des Menschen. Gott ruft ihn mit Namen, Adam. Die Menschen nennen sich gegenseitig mit Namen, Mann und Männin, Adam und Eva, Mann und Frau. Der Mensch antwortet auf den Ruf Gottes. Durch Anruf und Antwort war die Freiheit konstituiert: eine Freiheit von Angesicht zu Angesicht, von Name zu Name, aber in Abhängigkeit zu seinem Schöpfer.*

In dieser Schöpfungsgeschichte findet sich ein *Konzept biblischer Anthropologie.* Dieses Konzept unterscheidet sich von den modernen evolutionären Entwicklungsvorstellungen der Humanwissenschaften, nach denen der Mensch sich aus niederen Säugetieren entwickelt. Die einfach schlichte und bildhafte Ausdrucksweise: Gott schafft aus einem Erdenkloß den Menschen, indem er ihm den Lebensodem einbläst, zeigt bildhaft ein Doppeltes: In der Berührung des Irdisch-Kreatürlichen, dem Erdenkloß, mit dem Göttlichen, dem Lebensodem, wird das Neue, der Mensch. Dieses Aufeinandertreffen zweier Dimensionen, bildlich gesagt

* Sehr eindrucksvoll und tief bewegend zeigt dieses Angerufensein von Name zu Name auch die Berufungsgeschichte des Samuel in 1. Samuel 3.

einer Horizontalen und der Vertikalen, wird später noch näher erläutert.

3.1.2 *Die Geschichte vom Sündenfall*

Im nächsten Kapitel der Sündenfall-Geschichte (Gen. 3) ist eindrucksvoll, daß die Schlange nicht an Adam, dem ursprünglich von Gott das Gebet gegeben worden war, sondern an Eva herantritt, Eva die versucherische Frage hört, welche das Gebot Gottes hinterfragt und ein *Urmißtrauen* sät: »Ja, sollte Gott gesagt haben, ihr sollt nicht essen von allerlei Bäumen im Garten?« Da sprach das Weib zu der Schlange: »Wir essen von den Früchten der Bäume im Garten, aber von den Früchten des Baumes mitten im Garten hat Gott gesagt: Esset nicht davon, rühret sie auch nicht an, daß ihr nicht sterbet« (Gen. 3, 1–3). Es erscheint erwähnenswert, daß Eva um das dem Adam gegebene Gebot genau gewußt hat; beide hatten offenbar darüber gesprochen. Die Schlange versucht zunächst Eva, über Eva kommt die Versuchung an den Mann, und beide handeln gegen das Gebot Gottes. Die Schlangenaussage steht in genauem Gegensatz zu dem göttlichen Gebot. Sie sagt: »Auf keinen Fall werdet ihr sterben. Gott weiß, sobald ihr davon eßt, werden eure Augen aufgetan und ihr werdet sein wie Gott und wissen, was gut und böse ist« (Gen. 3, 4–5). Danach greift Eva zur begehrenswerten Frucht, ißt, gibt davon auch ihrem Mann, und Adam ißt auch (Vers 6).

Das Urmißtrauen: die Wurzel der zerstörten Gottesbeziehung

»Da gingen ihnen beiden die Augen auf, und sie wurden gewahr, daß sie nackt waren. Sie flochten Feigenblätter zusammen und machten sich Schurze« (Vers 7).

Die Folge des Genusses dieser verbotenen Frucht ist offenbar das *Entdecken der Nacktheit:* die Geburtsstunde des *Schamgefühls.* Das Essen der von Gott verbotenen Frucht von dem Baum der Erkenntnis des Guten und Bösen führt zuerst zum Schamgefühl. Sie bedecken die Scham durch Feigenblätter. Erst in den folgenden Versen erscheint die *Angst* und die *Schuld* (Verse 8–11). »Da hörten sie die Stimme Gottes, und Adam versteckte sich mit seinem Weibe vor dem Angesicht des Herrn unter den Bäumen im Garten. Und Gott, der Herr, rief Adam und sprach zu ihm: »Wo bist du?« Er sprach: »Ich hörte deine Stimme im Garten und *fürchtete mich, denn ich bin nackt;* darum versteckte ich mich.« Und er sprach: »Woher weißt du, daß du nackt bist? Wer hat dir's gesagt? Hast du nicht gegessen von dem Baum, davon ich dir gebot, du solltest nicht davon essen?« Die Frage Gottes überführt die Menschen: Sie müssen ihre Schuld wahrnehmen. Zusammengefaßt meint der Fall in die Sünde eine *Mißachtung des Freiheits-*

angebotes in Abhängigkeit: »Ihr dürft essen von diesem Baum – ihr dürft nicht essen von jenem Baume.« Dieses göttliche *Alternativgebot* als ein *Freiheitsangebot* wurde verlassen. Bei der Frage nach dem Warum des Ungehorsams steht die Frage nach dem Ursprung des Bösen, welche sich offenbar in der versucherischen Schlangenfrage verbirgt. Hierauf soll später eingegangen werden; zunächst ist das Geheimnis des Ungehorsams näher zu erläutern und dessen Folgen zu bedenken.

3.1.3 *Die Folgen des Sündenfalls: Einige anthropologische Aspekte*

Scham, Schuld und Angst erscheinen als das Ergebnis des Sündenfalls. Scham, Schuld und Angst sind Gefühle, emotionale Qualitäten. Während das Verlassen des Freiheitsangebotes offenbar die Folge des gesäten Urmißtrauens war und eine Willensentscheidung des Ungehorsams zur Folge hatte, sind Scham, Schuld und Angst das Endergebnis. Es ist bemerkenswert, daß diese Gefühle unmittelbar in Zusammenhang gebracht werden müssen mit der Schlangenaussage: »Sobald ihr von dieser Frucht eßt, werdet ihr *erkennen, was gut und böse* ist.« Dieses doppelte Erkenntnisvermögen, gleichzeitig Gut und Böse zu erkennen, ist offenbar, so lehrt dieser Text, das Böse selbst oder genauer gesagt: dasjenige, aus dem das Böse folgt. Dieses Böse ist von nun an dem Menschen eingeboren und drückt sich durch diese Gefühle aus.

Erbsünde ist Erkenntnisrealität (nach dem Fall) anstelle von Beziehungsrealität (vor dem Fall).

Was besagen diese Gefühle der Scham, Schuld und Angst in Verbindung mit dieser doppelten Erkenntnis?

Sie besagen, daß anstelle einer *Lebensbeziehung zu Gott, dem Schöpfer,* anstelle einer *»Beziehungsrealität«* eine *»Erkenntnisrealität«* getreten ist. Diese Erkenntnisrealität drückt eine tiefe Gespaltenheit aus, eine Gespaltenheit in einer vierfachen Hinsicht: eine Trennung des Menschen von Gott (Pred. 2, 11), der Menschen zueinander (Pred. 12, 14), eine Zwiespältigkeit im Menschen selbst (Pred. 3, 10. 11) und endlich eine tiefe Trennung der Menschen zur Schöpfung.

Diese Gespaltenheit ist im Erleben des Menschen ausgedrückt durch Gefühle der Scham (Vers 7), der Angst (Vers 10) und der Schuld (Vers 10 und 11). Die Bibel nennt diese vierfache Gespaltenheit den Fluch Gottes. Fluch Gottes heißt, daß Anruf und Antwort in der ursprünglichen Form als Beziehungsrealität nicht mehr möglich sind, sondern jetzt ersetzt sind durch ein Neues: eine Erkenntnisrealität des Guten und Bösen, denn: dieser von Gott gespaltene, von seinem Lebenspartner gespaltene Mensch ist auch in sich selbst gespalten. Der Mensch erkennt das Böse, das er getan hat, das er nicht hätte tun sollen. Die neugewonnene Erkenntnisrealität des Guten und Bösen ist eine Erkenntnis, die des Menschen eigenes Leben als ein autonomes Leben bestimmt: Er entscheidet jetzt selbst über Gut und Böse und muß die volle *Verantwortung für sein Handeln* gemäß dieser Erkenntnis selbst übernehmen.

Der Mensch bedeckt seine Blöße (Vers 7), die er vor dem Fall nicht wahrgenommen hatte (Gen. 2, 25). Aus Scham vor dem Bösen, das er getan hat und das er jetzt erkennt, deckt er sich ab, er deckt sich zu vor dem anderen, er verbirgt sich. Er ist nicht mehr eindeutig erkennbar und wahrnehmbar, er ist anonym geworden, aus der Partnerschaft ausgebrochen, einsam geworden. Der anonyme Mensch ist nicht mehr der für den anderen einmalige, individuelle, einzelne, geliebte Mensch, sondern nur noch der an der Oberfläche sichtbare, der verwendbare, der verwaltbare, der manipulierbare Mensch. »Bedeckung der Scham« heißt Verhüllung des Geheimnisses seines einmaligen Namens, Verhüllung seines Angesichts, heißt Abwehr des eigenen Besonderen, heißt Widerstand gegen das vertrauensvolle Umgehen mit dem anderen, heißt Mißtrauen, heißt Maske. Der Mensch hinter der Maske ist der gespaltene Mensch, der schamhaft das eigene Geheimnis verbergen muß, aus Angst, entdeckt, entblößt, vermarktet zu werden.

Das Schamgefühl ist das unbewußte zwanghafte Bedürfnis, das angeborene oder eingeborene Böse zu verbergen

Die Maske verbirgt den Namen. Bedeckung der Scham heißt Maske. Die Rolle, die einer spielt und immer wieder neu lernt zu spielen, verhüllt die Einmaligkeit des Namens und entläßt das Gewöhnliche, das Alltägliche des Menschen, das, was alle tun, denken und haben: das »Man«.

Das »Man«-gefühl der Masse enthüllt das unbewußte Getrenntsein von Gott

Neben der Scham stehen Angst oder Furcht und Schuld als weitere Folgen des Falles. Angst vor Gott als Trennungsangst: Gott wird entdeckt als der strafende, der zur Rechenschaft ziehende Rächer-Gott wegen der bösen Tat. Er ist nicht mehr der liebende Partner. Der tiefste Ausdruck dieser Angst ist wohl eine Verlustangst des Guten und Liebenden. Angst kommt von Enge. Der angsterfüllte Mensch ist der unstete, der gequälte, der flüchtende, der getriebene und unfreie Mensch. *Angst ist überall da, wo Vertrautheit fehlt.*

Schuld als Gefühl erscheint als Frucht der Erkenntnis, das Böse getan zu haben, wo das Gute hätte getan werden müssen. Die genannten Gefühle der Scham, der Angst oder Furcht und der Schuld sind sehr tiefe Gefühlsqualitäten, aus denen sich alle weiteren Gespaltenheitsaffekte, die in der Entwicklungspsychologie und Tiefenpsychologie in Erscheinung treten, zu entwickeln scheinen.

3.1.4 *Eine weitere Folge des Sündenfalls: Die Abwehr der Scham-, Angst- und Schuldgefühle*

Nach dem Auftauchen von Scham, Schuld und Angst als Gefühle, die der Mensch empfindet, zeigt sich nun sofort, daß der Mensch das Böse, das er in diesen Gefühlen annehmen und aushalten mußte, nicht annimmt, sondern abwehrt. Die unmittelbare und direkte Antwort des Menschen Adam auf die Anklage Gottes ist eine Entschuldigung und zugleich eine Verschiebung der Schuld auf die Teilhaberin der Schuld (Gen. 3, 12 und 13). Von Eva schließlich wird die Schlange für das ganze Unglück verantwortlich gemacht. Das sich hier zeigende *Grundgesetz der Verschiebung der Schuld,* weg von sich selbst auf den anderen, letztlich auf Gott, kehrt auf den folgenden Blättern der Bibel in immer neuen Variationen wieder. Die Schuld muß abgewehrt, verleugnet werden. Noch deutlicher zeigt sich dieses Grundgesetz in Genesis 4, 9: der Verleugnung des Brudermordes durch Kain an Abel. Kain antwortet auf die Frage Gottes: »Wo ist dein Bruder Abel?« – »Ich weiß nicht, soll ich meines Bruders Hüter sein?«
Die Neuentdeckung des Menschen nach dem Fall lautet: »Ich bin fähig zu erkennen das Gute und Böse, anstelle der Beziehung zu Gott vor dem Fall: »Ich vertraue dir, ich liebe dich.« Mit dieser Fähigkeit folgt, offenbar jetzt mit psychologischer Notwendigkeit: Das Böse muß abgewehrt werden. Sündenböcke werden gesucht. Verschiebung der Schuld, Ausblendung, Verdrängung, Verleugnung, Projektion der Schuld sind nur einige, verschiedenartige Bezeichnungen der Abwehr des Bösen, einer tief verwurzelten, unbewußten Haltung im Menschen, Ausdruck seines Charakters. Es zeigt sich ein tiefes Bedürfnis nach Entlastung von eigener Schuld, welches häufig geknüpft ist an die Belastung des anderen. In diesem Sinne ist buchstäblich der »Mensch des Menschen Wolf« (homo hominis lupus).

Gespaltenheit ist Unfrieden

Auch hierin zeigt sich sehr tief die Gespaltenheit des Menschen, die so viele verschiedene Namen hat, individuelle und kollektive Namen. Um nur einige zu nennen: die Spaltung von Mann und Frau, Kindern und Eltern, Alten und Jungen, Knechten und Freien, Hohen und Tiefen, Begabten und Unbegabten, den Reichen und Armen; schließlich auch die Spaltungen in politische, rassische und religiöse Gruppierungen. In diesem Zusammenhang zu nennen sind Konflikte auf politischer Ebene: der Nord-Süd-, der Ost-West-Konflikt: Diese verschiedenen Benennungen zeigen, daß die im ursprünglichen Schöpfungsplan gedachten Polarisierungen* als einer Bereicherung geschöpflichen Lebens jetzt, nach dem Fall, zum Fluch geworden sind. Die Gespaltenheit führt zum Erlebnis der Getrenntheit, der Verschiedenheit, des Sich-voneinander-Abgrenzen- und Behaupten-Müssens, wobei ein ganz wichtiger Aspekt der der *Schuldverschiebung* ist. Um den Preis der eigenen »weißen Weste« ist mir die »schwarze Weste« des andern in jeder Form recht.*

Dieses geheimnisvolle, im Menschen tief verankerte Abwehrverhalten der Schuld ist in der Regel *unbewußt.* Die Verleugnung der Sünde ist verborgen, unbewußt; in späteren Erläuterungen wird noch näher darauf einzugehen sein. Hier soll abschließend ein kürzlich geführtes Gespräch mit einer Patientin in veränderter Form mitgeteilt werden, welches deutlich macht, wie sehr Gefühle von Scham, Schuld und Angst im bewußten Erleben abgewehrt sind, da es offenbar für das Bewußtsein unerträglich wäre, damit zu leben. Erst nach langem Zögern konnte sie unter großen emotionalen Widerständen Erlebnisse schildern, z. T. wurden sie auch aus Träumen gedeutet, in denen sie Vergewaltigungsszenen erlebte, sich dadurch zutiefst verletzt fühlte und ein sehr tiefes Schamgefühl aus der Tiefe des Unbewußten ans Licht kam. Die Tiefe dieser Verletzung, dieser Kränkung, war begleitet von einer noch schwererwiegenden Erinnerung, im Traum erlebt, wie sie an der Seite ihres Vaters beim Spaziergang die Absicht hatte, diesen einen hohen Abgrund hinabzustürzen. Es war eindrucksvoll zu erleben, daß eine Mordphantasie in Verbindung mit Vergewaltigungsszenen dieses tief verborgene und abgewehrte Scham-, Schuld- und Angstgefühl bewußt gemacht werden konnte und hierin zum Ausdruck kam, in großer Erschütterung erlebt: »Ich bin schuld; ich bin die Böse; nicht der andere, der böse Vater!« Es scheint hier deutlich zu werden, daß die schuldhafte Verstrickung der Menschen aneinander, in unserem Beispiel Vater und Tochter, vom Menschen her allein kaum lösbar ist und ausdrückt die tiefe Bedeutung des Gottesverlustes, wie ihn die ersten Blätter der Bibel bezeugen. Es scheint, daß nach Adam und Eva nach dem Sündenfall jeder Mensch diesem gleichen Geschick unterworfen

* Polarisierung heißt schöpferische Spannung eines lebendig aufeinander bezogenen Gegensatzes.

* Dieses Verschiebungs- oder Projektionsgesetz der Schuld wäre an vielen Beispielen der Geschichte zu belegen, etwa in der Judenverfolgung des 3. Reiches in dem Sinne: Die »bösen Juden« sind unser Untergang, wir, die »guten Deutschen« haben das Recht, sie umzubringen. Denn das Böse muß eliminiert werden.

ist: Scham-, Schuld- und Angstgefühl abwehren zu müssen, da es für den Menschen unerträglich ist, selbst der Böse zu sein.

3.1.5 Zusammenfassend ist festzustellen, daß die in diesem Kapitel genannten Gefühle von Scham, Angst und Schuld Ausdruck einer tiefen Gespaltenheit sind, die unmittelbar zusammenhängen mit der neu entdeckten Erkenntnisfähigkeit des Menschen. Die damit begründete Autonomie des Menschen, unabhängig von Gott Gut und Böse beurteilen zu können, hat zur Folge die Abwehr der eigenen Schuld. Der biblische Ausdruck »Fluch Gottes« meint diese vierfache Gespaltenheit: Gespaltenheit zwischen Gott und Mensch, Gespaltenheit der Menschen untereinander, der in sich selbst gespaltene Mensch und der von der Schöpfung abgespaltene Mensch.
Und dennoch steht diese Gespaltenheit, dieser Fluch Gottes, unter einer neuen Verheißung. Die Schlange ist zwar verflucht, aber sie darf auf der Erde kriechen (Gen. 3, 14); die Feindschaft zwischen Adam und Eva erweist sich als eine unter Schmerzen, Dornen und Disteln gewährte Beziehungsgemeinschaft (Gen. 3, 15–19). Die Ausweisung aus dem Paradies führt in eine Geschichte der Entfaltung des Guten und Bösen: zur Geburt von Kain und Abel. Neutestamentliche Seelsorge wird zum Ziel haben, diesen alttestamentlichen Urzustand vor dem Sündenfall wiederherzustellen. Bis dahin aber gilt, daß die in Genesis 3, 14–19 ausgesprochenen Strafandrohungen für den Menschen ein spannungsvolles, zwiespältiges, »gespaltenes« Zusammenleben ermöglichen. Trotz der genannten Destruktivität, ausgedrückt in der Gespaltenheit, enthalten sie doch auch Aspekte einer neuen schöpferischen Beziehung: Adam und Eva werden Vater und Mutter vieler Lebenden (Vers 20). Aber auch die Ausweisung aus dem Paradies erfolgt, um zu verhindern, daß der Mensch in seiner Hybris sich auch des ewigen Lebens bemächtige (Vers 23), da er nun in bildhafter Sprache »geworden ist wie unsereiner« (Vers 22). Der Mensch ist zwar autonom geworden, aber durch die Ausweisung aus dem Garten Eden wird abschließend deutlich, was der Mensch verloren hat, nämlich das ewige Leben. Der Cherub mit dem zuckenden Flammenschwert wird dafür sorgen, daß der Baum des Lebens unberührt, vom Menschen unberührt, bleibt (Vers 24).

3.2 Der Beginn der Seelsorge: Die Rückgewinnung des Lebensbaumes; Christus und die neue Beziehungsrealität!

3.2.1 *Der verlorene Sohn: Adam außerhalb des Paradieses*

In der Geschichte des verlorenen Sohnes (Luk. 15, 11–32) wird geschildert die Situation eines Vaters von zwei Söhnen. Während der eine sein Erbteil fordert, das Vaterhaus verläßt, mit dem Erbvermögen ein vorübergehend genußreiches Leben führt, dann aber scheitert und sich in der Katastrophe an seinen Vater erinnert und den Entschluß faßt, zurückzukehren, bleibt der andere Sohn zu Hause. Das Bildwort »Katastrophe« deutet die Krise, die Konfrontation mit dem Bösen an!

Das Entscheidende dieser Geschichte vom verlorenen Sohn soll für den Fortgang unserer Darstellung kurz zusammengefaßt werden. Danach wird diese Geschichte in einem kurzen theologischen Exkurs erläutert werden.

Der verlorene Sohn ist: Adam außerhalb des Paradieses. Die Geschichte schildert in aller Deutlichkeit und Klarheit die aus eigener Schuld, aus dem Trennungswillen zustande gekommene Erkenntnis der eigenen Verlorenheit, der Erlösungsbedürftigkeit eines Menschen. Im Bilde des in Saus und Braus lebenden Genießers, der die soziale Leiter Stufe um Stufe absteigt, bei den Schweinen ankommt, hungrig, resigniert, verzweifelt, zutiefst erschüttert ist über das eigene Versagen – taucht plötzlich auf die Erinnerung an das Vaterhaus, die Erinnerung an das verlorene Paradies! Durch Scham- und Schuldgefühle reift in ihm der Entschluß zurückzukehren. Die Scham des verlorenen Sohnes besteht darin, daß er sich erinnert derjenigen Verfassung, die ihn zu dem Entschluß gebracht hat, das Seinige zu fordern und von zu Hause abzuhauen. Er schämt sich seiner Impulse, die Liebe des Vaters mit Füßen getreten, verlassen zu haben. Er schämt sich seiner Autonomiebedürfnisse; des Über-sich-selbst-Verfügen-Wollen. Scham und Schuld führen zu dem Entschluß der Rückkehr, wehren aber diesen Entschluß immer wieder ab in dem zwiespältigen Gefühl: Du kannst und darfst nicht zurück, du bist es nicht mehr wert, ein Sohn zu sein, du hast verdient, was du hast! Die Angst aber ist eine Existenzangst, eine Verlorenheitsangst, die letztlich die Scham überwindet, siegt und alles versucht, um wieder zum Vater zu kommen. Angst als Signal der Erlösungsbedürftigkeit, Scham als Signal der Zwiespältigkeit gegenüber dem göttlichen Vaterwillen, Schuld als Signal: »Ich will und muß zurück ins Vaterhaus oder nach vorne ins Vaterhaus – ich muß wirklich neu heimfinden.« – Während der erste Adam noch innerhalb des Paradieses die Schuld von sich abweist, sich entschuldigt, zeigt diese Geschichte den Mut zum Sein in der Sünde, den Mut zur Rückkehr, zur Heimkehr, zur Umkehr, zur Öffnung vor Gott, die das Böse im eigenen Leben anerkennt und nicht verleugnet. Die Konfrontation mit dem daheimgebliebenen Sohn bringt – wenn auch nicht ausdrücklich in der Geschichte behandelt – die Entdeckung, daß auch das Zuhause-Bleiben die neu zu gewinnende innere Reife, das Sohnschafts-Verhältnis, nicht garantiert. Ob aus der Nähe oder aus der Distanz: In jedem Fall müssen Scham, Schuld und Angst als tiefe elementare, unbewußte »Trennungsgefühle« von Gott im Innersten des Menschen erkannt und angenommen werden. Sie können zu einer neuen Selbsterkenntnis, zu einer echten »Adamserkenntnis« führen, die ins Vaterhaus zurückfinden läßt. Die beiden Söhne verhalten sich in ihrer Beziehung zur Sünde wie blind und sehend. Während der eine mit dem Rücken zu ihr, blind dasteht, hat der andere zumindest die offene Schau, den geraden Blick, die Konfrontation mit ihr gewagt.

3.2.2 *Theologischer Exkurs I: Gesetz und Evangelium (Röm. 3–5)*

Hierzu gibt uns der Römerbrief an mehreren Stellen wichtige Hinweise.

Der Sinnbegriff des Gesetzes im alten Bund, welches den absoluten vollkommenen Willen Gottes an sein erwähltes Volk Israel beinhaltet, hat in Römer 3, 20 die Bedeutung, eine tiefe und weitgehende Erkenntnis der Sünde zu wecken: Durch Werke des Gesetzes wird niemand vor Gott gerecht; denn: durch das Gesetz kommt es vielmehr zur Erkenntnis der Sünde.*

Der verlorene Sohn erkennt ja seine Verlorenheit erst dann, als er seine Sünde, seine Ungerechtigkeit, die tiefe Trennung, den Riesenabstand zum Vaterhaus, den »Fall zu den Schweinen« wahrnehmen muß. Sein Elend bei den Schweinen ist ja gerade dadurch und erst insofern ein Elend, als es im Vergleich dazu die Erinnerung an das frühere Zuhause *wiederbelebt.* – Offenbar hat das Gesetz des alten Bundes die genau gleiche Bedeutung, nämlich die Erkenntnis zu erwecken, daß das Gute aus sich selbst nicht machbar ist, daß der Mensch aus eigener Kraft unfähig ist, das Gute zu tun (s. o. Röm. 3, 20). Es soll die *Erkenntnis der*

* Für den weiteren Sprachgebrauch sei festgehalten, daß von »Sünde« immer dann gesprochen wird, wenn die Beziehung zu Gott gemeint ist, von »Schuld« immer dann gesprochen wird, wenn die Beziehung zum Menschen gemeint ist; inhaltlich sind beide identisch.

Trennung von dem Einzig-Einen, Wahrhaftig-Guten, nämlich dem lebendigen Gott bringen; eine Erkenntnis, die jahrhundertelang durch die Opfergaben im alten Bund wachgehalten worden ist.
Paulus führt aus: Gesündigt haben sie alle seit Adam, die Juden unter dem Gesetz, die Heiden ohne das Gesetz (Röm. 3, 23; Röm. 5, 12). – Da ist keiner, der Gutes tue, auch nicht einer (Röm. 3, 12). Erkenntnis der Sünde unter dem Gesetz durch Scham-, Schuld- und Angstgefühle – diese Erkenntnis entsteht dadurch, daß das Gesetz nicht erfüllt werden kann. Erinnerung an das verlorene Vaterhaus durch Scham-, Schuld- und Angstgefühle über der begangenen Sünde: Diese Erinnerung entsteht in der Fremde, in der Heimatlosigkeit. Beide, Erkenntnis und Erinnerung haben das gleiche Ziel, hinzuführen zu Christus. Darum gilt (Röm. 3, 22): Die Gerechtigkeit vor Gott kommt durch den Glauben an Jesum Christum. Der aus Scham- und Schuldgefühl entstandene Entschluß, wieder neu das verlorene Vaterhaus zu suchen, bedeutet neutestamentlich den Aufbruch zum Glauben, den Aufbruch zum vertrauenden Wagnis, daß der Vater mich wieder aufnimmt. »Herr, ich bin nicht wert, daß du einziehst in mein Haus, aber sprich nur ein Wort, so wird meine Seele gesund!« Zwar bin ich nicht wert, sein Tagelöhner, geschweige denn sein Sohn zu sein, aber ich vertraue auf seine Vaterschaft, und ich rechne damit, daß er mich doch als »verlorenen Sohn« anerkennt und aufnimmt. Theologisch formuliert: Römer 3, 24: Sie werden ohne Verdienst gerecht aus seiner Gnade durch die Erlösung, so durch Christum Jesum geschehen ist. Es ist also die stellvertretende Sühnetat des Sohnes Gottes, sein stellvertretendes Leiden und Sterben am Kreuz, welches Sühne leistet, Sünde vergibt, auslöscht und darin Gerechtigkeit erwirkt für alle, die an Jesus glauben. *Die Situation des verlorenen Sohnes ist auch die Situation in der Konfrontation mit dem Unbewußten, oder, wie in späteren Kapiteln noch versucht wird zu zeigen, die Konfrontation des Menschen mit seiner Wüste.* Dort begegnet er dem Bösen in sich und erlebt zutiefst die Dimension der Gespaltenheit. Er spürt in sich das Böse und die Sehnsucht nach dem Guten, wie sie das Leben des verlorenen Sohnes widerspiegelt.
Unter dem Aspekt der Tiefenheilung zeigt die Geschichte vom verlorenen Sohn auch, daß der kranke, der psychisch gestörte, der depressive, der durch Lieblosigkeit verletzte, der kränkbare, eitle, schuldige, niedergeschlagene, verzweifelte Mensch ein Bild ist für diesen im Gleichnis geschilderten Menschen, der das Vaterhaus Gottes verlassen hat. Es ist nicht primär ein Bild für

moralische Schlechtigkeit, sondern für die Erlösungsbedürftigkeit eines jeden Menschen, der außerhalb des Vaterhauses Gottes lebt.

3.2.3 *Die Samariterin am Jakobsbrunnen und die »große Sünderin«: Eva außerhalb des Paradieses*

In dem bekannten Gespräch Jesu mit einer Samariterin am Jakobsbrunnen (Joh. 4, 1–26) wird ein weiterer, für unser Thema wichtiger Gesichtspunkt deutlich. Während bei dem verlorenen Sohn die aus Selbstenttäuschung, Heimweh und tiefer Existenzangst heraus lebendig werdende Erinnerung an das Vaterhaus zur Heimkehr ruft, also aus der Lebensgeschichte eine Ahnung erwächst, welche die Umkehr einleitet, gibt Jesus selbst im Gespräch mit dieser Frau eine charakteristische Antwort (Vers 10), welche Neugier weckt. Diese erweckte Neugier, so scheint mir, hat zwar auch etwas mit der Ahnung des verlorenen Sohnes zu tun, aber der Hintergrund dieser Neugier ist nicht eine Lebensgeschichte, sondern Jesus selbst. Erst auf diesem Hintergrund wird die Lebensnot bewußt gemacht. Die persönliche Ausgangssituation dieser Frau ist eine völlig andere als die des verlorenen Sohnes. *Während der eine seine Selbsttäuschung wahrnehmen kann, muß die andere darauf aufmerksam gemacht werden.* In beiden Fällen aber wird das Christusgeheimnis deutlich. Einige Aspekte dieser Geschichte sollen angedeutet werden. Jesus überschreitet die Grenze, welche zwischen Juden und Samaritern gesteckt ist, indem er sie auffordert: Gib mir zu trinken. Diese Herausforderung setzt die Frau in Erstaunen. Aus diesem Erstaunen stößt er weiter vor (Vers 10), indem er die genannte Neugier weckt: Wenn du erkenntest die Gabe Gottes und wer der ist, der zu dir sagt: Gib mir zu trinken, du bätest ihn, und er gäbe dir lebendiges Wasser. Aus dieser Neugier kommt die Konfrontation mit der Lebenssituation: *Auch hier müssen Scham-, Schuld- und Angstgefühle geweckt werden, um zur wirklichen Selbsterkenntnis* zu kommen. Die Samariterin fühlt sich in dem Gespräch mit Jesus durch sein geheimnisvolles Wissen, seinen Durchblick entlarvt und muß die Konfrontation mit ihrer Schuld, dem Ehebruch, aushalten lernen. Seelsorge beginnt mit Ermutigung zur Umkehr. Indem die konkrete Situation des einzelnen Menschen in seiner einzigartigen Bedeutung auf dem Hintergrund von Scham, Schuld und Angst entlarvt wird, kann sie in Beziehung gebracht werden zu Jesus Christus selbst. Die Ermutigung zur Umkehr wird zur Tat der Umkehr. Bei der Samariterin führt diese Tat zum Zeugnis: Er hat mir gesagt alles, was ich getan habe (Vers 39).

Während die Gottesbegegnung bei dem verlorenen Sohn eingeleitet wird durch die Wiederbelebung einer früheren Erinnerung an das Vaterhaus, bei der Frau am Jakobsbrunnen durch eine lebhafte, alle Grenzen sprengende Neugier, welche die Konfrontation mit der Sünde ermöglicht, soll abschließend in einer anderen seelsorgerlichen Begegnung Jesu ein dritter charakteristischer Grundzug der Öffnung für das Gottesgeheimnis deutlich werden: In der Begegnung Jesu mit der Sünderin (Luk. 7, 36–50) wird geschildert die *tiefe Erniedrigung einer Frau aus Reue und Scham über sich selbst*, welche zur *Wahrnehmung der alles übergreifenden göttlichen Liebe* führt. Ihr Lebenselend offenbart, daß die göttliche Liebe sich tief herabneigen und unendlich viel vergeben will. Die Menge der Sünden ist Nebensache, wenn nur das *»Innerste des Herzens in tiefer Scham«* sich öffnet und Vergebung empfangen möchte. Die Szene macht dramatisch deutlich, daß die Größe und Fülle der Sünde eine Chance enthält, die noch größere Fülle und Grenzenlosigkeit der göttlichen Liebe in sich aufzunehmen. »Wo die Sünde mächtig geworden ist, ist die Gnade noch viel mächtiger geworden« (Röm. 5, 20). Die Szene macht weiter dramatisch deutlich, daß der in eigener Selbstgerechtigkeit blinde Pharisäer nichts versteht von dieser geheimnisvollen Beziehungsrealität, welche Liebe meint. Simon, der Pharisäer, ist geradezu identisch mit dem daheimgebliebenen Sohn in Lukas 15. Auch diese Geschichte zeigt, wie in Lukas 15 ein tiefes *Urverständnis* für das göttliche Liebesgeheimnis einerseits, ein tiefes blindes *Unverständnis* andererseits.
Die Menschen der Bibel zeigen die geheimnisvolle Tiefe der Realität des Unbewußten. Sie machen deutlich, daß die Auffassung, der Mensch sei ein »vernunftbegabtes Wesen«, nicht ausreicht, um auch nur annähernd zu erfassen, was in seiner Tiefe lebendig ist. Vielmehr zeigen sie Beispiele, daß der Mensch oft selbst nicht weiß, wer er ist und worin die Lösung seiner Probleme liegt, sondern von außen, von oben her, in der Begegnung mit Gott erfährt, wer er ist. Er muß angesprochen und herausgerufen werden aus der Tiefe seiner Sehnsucht, die unbewußt in ihm steckt. Je mehr ein Mensch über sich selbst nachdenkt, wird er erkennen, daß seine eigene Existenz nicht in ihm selbst begründet ist, sondern daß sie ihm geoffenbart werden muß. In diesem Sinne ist der Mensch ein Wanderer zwischen zwei Welten, einer sichtbaren und einer unsichtbaren Welt.

Ein Gedicht von Dietrich Bonhoeffer »Wer bin ich« möchte diese Situation veranschaulichen und zum Ausdruck bringen, die

Tiefe des menschlichen Fragens, die Tiefe der inneren Unsicherheit:

Wer bin ich? Sie sagen mir oft,
ich träte aus meiner Zelle
gelassen und heiter und fest
wie ein Gutsherr aus seinem Schloß.

Wer bin ich? Sie sagen mir oft,
ich spräche mit meinen Bewachern
frei und freundlich und klar,
als hätte ich zu gebieten.

Wer bin ich? Sie sagen mir auch,
ich trüge die Tage des Unglücks
gleichmütig, lächelnd und stolz,
wie einer, der siegen gewohnt ist.

Bin ich das wirklich, was andere von mir sagen?
Oder bin ich nur das, was ich selbst von mir weiß?
Unruhig, sehnsüchtig, krank,
wie ein Vogel im Käfig,
ringend nach Lebensatem,
als würgte mir einer die Kehle,
hungernd nach Farben, nach Blumen, nach Vogelstimmen,
dürstend nach guten Worten, nach menschlicher Nähe,
zitternd vor Zorn über Willkür und kleinlichste Kränkung,
umgetrieben vom Warten auf große Dinge,
ohnmächtig bangend um Freunde in endloser Ferne,
müde und leer zum Beten, zum Denken, zum Schaffen,
matt und bereit, von allem Abschied zu nehmen?

Wer bin ich? Der oder jener?
Bin ich denn heute dieser und morgen ein anderer?
Bin ich beides zugleich?
Vor Menschen ein Heuchler und vor mir selbst ein verächtlich-wehleidiger Schwächling?
Oder gleicht, was in mir noch ist, dem geschlagenen Heer,
das in Unordnung weicht vor schon gewonnenem Sieg?
Wer bin ich? Einsames Fragen treibt mit mir Spott.
Wer ich auch bin, du kennst mich,
dein bin ich, o Gott!

3.2.4 *Der Lebensbaum des Paradieses, ein Sinnbild für Jesus Christus*

Diese drei, kurz skizzierten Einzelschicksale geben eine Einführung in den Beginn der Seelsorge. Am kürzesten könnte Seelsorge definiert werden als Ermutigung zur Heimkehr (beim verlorenen Sohn) oder Ermutigung zur Lebensveränderung (Absage an den Ehebruch bei der Samariterin) oder Ermutigung zur Selbsthingabe (bei der Sünderin in Luk. 7). In jedem Einzelfall besagt Seelsorge ganz allgemein und praktisch: *Ermutigung zur Umkehr von einem beschrittenen Lebensweg.* Die praktischen Einzelheiten variieren, die konkreten Konsequenzen unterscheiden sich von Fall zu Fall, aber in jedem Fall führt Seelsorge in die Jesus-Begegnung, und aus der Jesus-Begegnung erwächst Ermutigung zur Umkehr.

An dieser Stelle ist näher zu fragen nach dem Urheber der Seelsorge, Jesus Christus. Es ist zu fragen nach seiner Person, seinem Ursprung, seiner Sendung, seiner geschichtlichen Bedeutung, wobei im Kontext unseres Themas das Konzept biblischer Anthropologie, wie es das Alte und das Neue Testament vermittelt, zugrundeliegt.

Was besagt das Bild des Lebensbaumes, von dem es heißt, daß er mitten im Garten (1. Mose 2, 9) steht? Die Deutung dieses Bildes auf neutestamentlicher Ebene lautet:

Die Wurzeln dieses Baumes sind ein Sinnbild auf den ins Fleisch gekommenen Christus.

Der Stamm dieses Baumes ist ein Sinnbild auf das Kreuz Jesu Christi.

Die Frucht (Krone) dieses Baumes ist ein Sinnbild auf die Auferstehung Jesu Christi von den Toten.

Diese sinnbildhafte Deutung soll im einzelnen noch näher biblisch erläutert werden. –

Im Gesamtzusammenhang des Alten und Neuen Testaments wird eindeutig und klar Jesus Christus als der Erlöser bezeugt. Im Kolosserbrief finden sich Stellen, daß die Dimension dieser Erlösung den ganzen Kosmos umfaßt (Kol. 1, 16–17). Mit Bezug auf den gefallenen Menschen bedeutet die Grundlegung dieser Erlösung, seine Wurzel, seine Basis, die Tatsache, daß der lebendige, einzig-eine, wahrhaftige Gott einen Menschenleib annimmt. In Jesus wird Gott wahrhaftiger Mensch. In seinem Menschsein wurzelt die Erlösung. Dies bedeutet eine sehr tiefe und umwälzende Entdeckung für einen Menschen, wenn er erstmals erkennt, daß die kreatürliche Not seiner Existenz gerade dadurch erlöst ist, daß Christus dieselbe kreatürliche Not durchlitten hat. Wichtige Hinweise hierzu gibt auch der Hebräer-Brief. Fassen wir zusammen: Der ins Fleisch herabgekommene Gott in Jesus Christus: Das ist der Wurzelgrund der Erlösung, hierin hat sie ihr Fundament. Ferner wird im 1. Johannes-Brief darauf hingewiesen, daß die Fleischwerdung oder Menschwerdung Gottes eine kritische Scheidung der Geister hervorruft (1. Joh. 4, 2).

Jesus – trug die Sünde der Welt Jesus – trägt die Welt der Sünde

Genau an dieser Frage scheiden sich Religionen von der wahren Offenbarungs-Religion: Die erstaunliche, über alle Maßen erhabene, im Grunde unbegreifliche Tatsache, daß Gott Mensch wird, herabfährt in die Tiefe der von der Sünde der Gottesferne zerfressenen Fleischesnatur des Menschen (Joh. 1: Das Wort ward Fleisch), führt entweder zum Glauben an die Erlösung oder zu deren Verwerfung.*

Wenn die Wurzelkraft der Erlösung an die Fleischwerdung Gottes gebunden ist, so die Ausformung, die Ausgestaltung der Erlösung an das »Kreuz«. Altes Testament, insbesondere die Prophetie des alten Bundes und neutestamentliche Zeugenaussagen bestätigen dies: Einige der wichtigsten Bibelstellen sollen zitiert werden: Jesaja 53, 2–12; Römer 5, 10; Hebräer 10, 10. Das wunderbare, über alle Maßen anbetungswürdige Erlösungsopfer Jesu Christi am Kreuz, eigentliches Sinnbild, eigentlicher Mittelpunkt der Erlösung bereits in der prophetischen Schau des alten Bundes vorweggenommen, – trägt gleichsam das Geheimnis der Erlösung: Es ist der Stamm des Lebensbaumes: Christus, der sterbende und gekreuzigte Gott, der leidende und blutende Gottesknecht, der unendlich liebende, sich selbst hingebende Gott; derjenige, auf den die ganze Macht und Ausweglosigkeit der Sünde gelegt ist; derjenige, der das Gesamturteil, die Verurteilung der Sünde im Fleisch trägt, zu Tode trägt und dadurch überwindet. *Der gekreuzigte Christus ist die Auslöschungskraft der Sünde.* An seinem gekreuzigten Leib ist die Sünde getötet, beseitigt, ein für allemal ausgelöscht. – Wenn der natürliche Mensch, der nichts von Gott weiß, zum erstenmal das Geheimnis des Kreuzes erfährt, ergreift, durch göttliche Inspiration geoffenbart bekommt, dann hat er begriffen, was Erlösung ist. Im Zentrum jeder Seelsorge muß stehen die Hinführung zu dem gekreuzigten Christus. Dort stirbt die Sünde, das Elend, die innersten Gebrechen mit ihren tausendfältigen Namen. Dort bekommen sie den Todesstoß.

* Es wird später noch darauf hingewiesen, daß die Fleischwerdung des Wortes, die Menschwerdung Gottes immer und unabdingbar geknüpft ist an die Tatsache, daß im Menschen Jesus gleichzeitig der »Menschensohn« und der »Gottessohn« wesenhaft und lebendig sind.

Während das Kreuz Sinnbild und Mittelpunkt der Erlösung darstellt, so ist doch der eigentliche Höhepunkt der Erlösung, die Frucht der Erlösung, die Krone des Lebensbaumes – nicht das Kreuz, sondern die Auferstehung Jesu Christi in Macht und Herrlichkeit durch das Lebenswort des Vaters. Das bestätigen übereinstimmend die Osterberichte. Während am Kreuz die Genesis-Verheißung ihre Erfüllung findet (Gen. 3, 15: Christus hat der Schlange den Kopf zertreten, den Fersenstich erduldet), so ist doch erst an Ostern dieser Sieg in Erscheinung getreten. Ohne Auferstehung wäre der Kreuzestod vergeblich gewesen (1. Kor. 15). Der Auferstehungssieg Jesu Christi ist die erste Vorwegnahme des Sieges über den Tod. Wenn Jesus selbst in prophetischer Weise sagt: »Ich bin die Auferstehung und das Leben, wer an mich glaubt, wird leben, auch wenn er stirbt, und wer da lebt und glaubt an mich, wird nimmermehr sterben« (Joh. 11, 25–26), so bedeutet diese prophetische Selbstaussage genau jene Frucht des Lebensbaumes, von der zu essen Adam verwehrt werden mußte (Gen. 3, 22–24).

In dieser sehr kurz skizzierten Erlösungsrealität, welche identisch ist mit der Erlöser-Realität Jesu Christi als Person wurde zugleich die Brücke geschlagen zu dem Ursprung allen Lebens: zu dem Lebensbaum im Garten Eden. Hiermit soll angedeutet werden, daß die Wege der stufenweisen Selbstoffenbarung Gottes im Alten und Neuen Testament Wege der Erlösung sind; Wege aus dem Urkonflikt, dem Ur-Dilemma heraus, welches mit dem Sündenfall der Menschen beginnt und die sich Stufe um Stufe weiterentfalten. Höhepunkt dieser Selbstoffenbarung Gottes ist der ins Fleisch gekommene, gekreuzigte und auferstandene Christus. Die Endstufe dieser Erlösungsoffenbarung ist noch nicht erreicht: Sie ist weiteren Geschichtsabschnitten vorbehalten, wie die geheime Offenbarung des Johannes bezeugt.

3.2.5 *Theologischer Exkurs II: Die Stellvertretung des Opfers Christi und seine Bedeutung für die Seelsorge*

Diese vertikale Dimension der göttlichen Erlösungsoffenbarung, die wie am Ursprung als ein neuer Schöpfungsakt Gottes bezeichnet werden muß, – Erlösung ist Neuschöpfung aus dem Geist, Wiedergeburt – muß nun in die horizontale Dimension des Alltagslebens hinein. Der göttliche Erlöser möchte sich erneut in Menschen, in seinen Jüngern verleiblichen und durch Verwandlungsstufen hindurch zur Ausreifung kommen. Theologisch gesagt: Christus in uns muß geboren werden und zur Mannesgestalt heranreifen!

Das folgende Schema (Abbildung 1) zeigt im Zusammenhang skizzenhaft das bereits kurz angedeutete Grundkonzept biblischer Anthropologie. Es verdeutlicht in dem ersten vertikalen Teil auf die Horizontale gerichtet den schöpferischen Eingriff Gottes bei der Erschaffung des Menschen. Das Natürlich-Kreatürliche der Erde, der Erdenkloß wird belebt und zum lebendigen Menschen, zur lebendigen Seele durch einen Schöpfungsakt Gottes. Die Senkrechte nach unten kennzeichnet den Sündenfall mit den Folgen des Todes erster, zweiter und dritter Ordnung. Der Tod erster Ordnung beinhaltet den geistlichen Tod, die Trennung der Lebensbeziehung zu Gott, die Abspaltung der Menschen von ihm, den Verlust der Beziehungsrealität, welche ersetzt wird durch die neue Erkenntnisrealität (siehe Kap. 1). Der Tod zweiter Ordnung bezeichnet den physischen Tod, das Grab, mit Worten des Neuen Testaments auch das Totenreich; griechisch: hades; hebräisch: sheol. Der Tod dritter Ordnung bezeichnet den ewigen Tod, die Verdammnis, das Gericht der Verlorenen (2. Petr. 2, 9). –
In diese »Todesdimensionen« hinein senkt sich der Lebensbaum Christus, angedeutet im Sinnbild des Kreuzes. Die Wurzeln dieses Baumes, angedeutet in dem starken Pfeil nach unten, reichen bis in den Urgrund des Todes hinab; die Pfeile nach oben deuten die Erlösungsrealität, die Veränderungskraft der Heilung an: Sowohl der einzelne Mensch wie das gesamte Menschengeschlecht ist von diesem Erlösungsgeschehen durchdrungen und umgriffen.
Im Mittelpunkt des Erlösungsgeschehens, in der Berührung der Vertikalen mit der Horizontalen zeigt sich ein wichtiger Grundzug aller Erlösung: Das Göttliche geht ein in das Menschliche in einer geheimnisvoll verwobenen Beziehung, die ausgedrückt wurde im Konzil zu Chalzedon 451: »Ungetrennt und unvermischt« (Abb. 2). In dieser Einmaligkeit der Vereinigung verbindet und verbündet sich Gott mit dem Menschen, um ihn auf eine weitere Stufe zu heben, auf die Stufe des Auferstehungslebens Jesu, angedeutet in dem oberen Pfeil des Kreuzesbalkens. Das Auferstehungsleben Jesu Christi soll auch dem Menschen zugeeignet werden. Diese außerordentlich schwierig auszudrückenden geheimnisvollen, in der Tiefe des Menschen sich abspielenden Erlösungsrealitäten, die der Heilige Geist in ihm wirkt (siehe folgenden Abschnitt), werden u. a. auch angedeutet im Kolosser-Brief des Apostels Paulus, insbesondere 1. und 2. Kapitel:
Ausgehend von diesem Schema, welches den Fall des Menschen kennzeichnet mit den drei Ordnungen des Todes, zugleich aber auch die Aufhebungen dieser Todesordnungen durch die Einsenkung einer neuen Lebensordnung oder Erlösungsordnung kenn-

Abb. 2: Schöpfung, Fall und Erlösung des Menschen durch das Christusereignis - (Einheit von Anthropologie und Christologie)

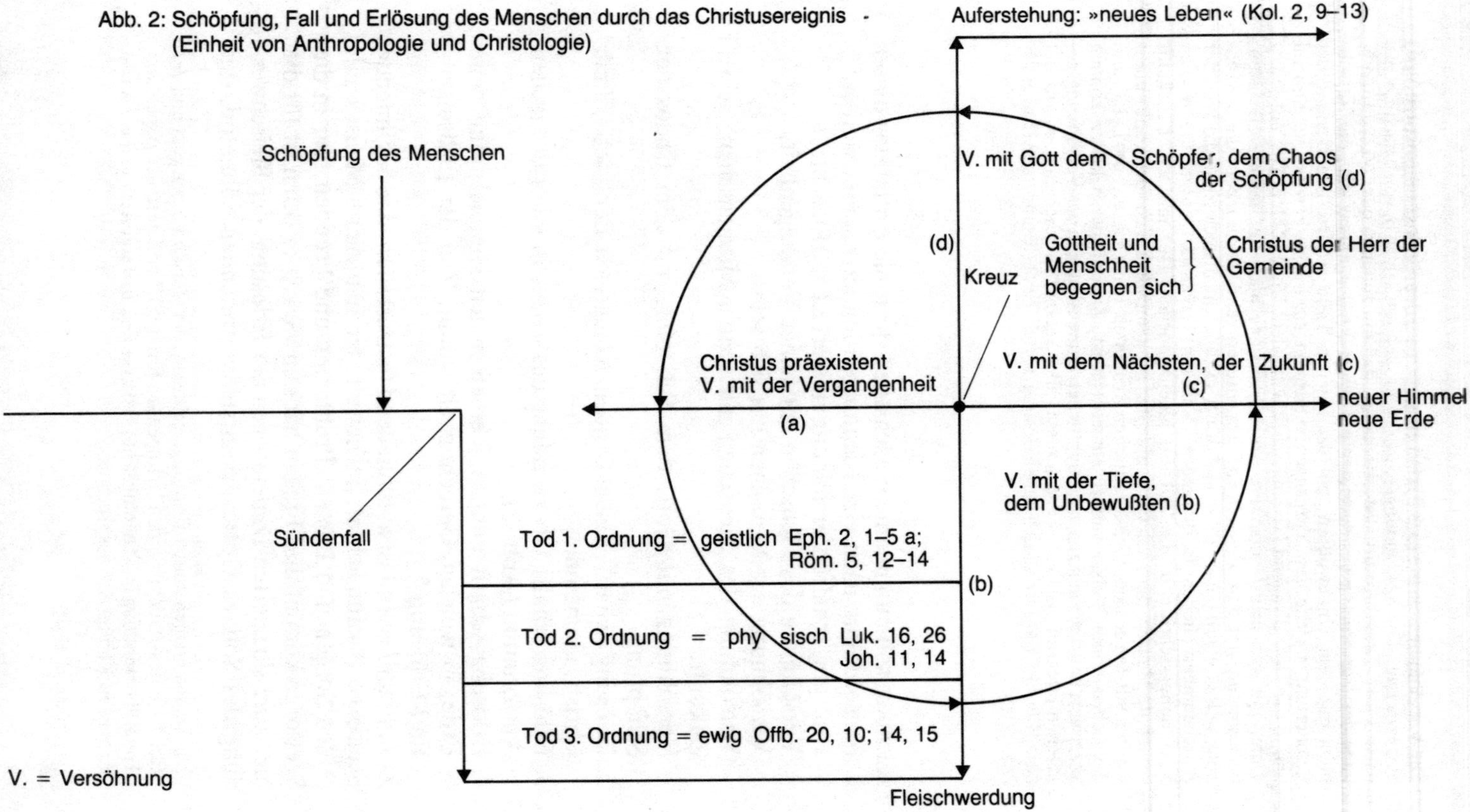

V. = Versöhnung

Die Versöhnungsschritte (3.3.2) sind entsprechend den Pfeilrichtungen (a, b, c, d) eingezeichnet. Die Versöhnungsschritte schreiten von a nach b, von b nach c, von c nach d fort. Diese Ausdrucksweise meint, daß mit zunehmender Vervollständigung der Versöhnung des einzelnen mit seiner Vergangenheit auch die Versöhnung mit dem Unbewußten, mit der eigenen Tiefe erfolgt. Die Heilung der Erinnerung, welche den Vergangenheitsaspekt ausdrückt, bewirkt zunehmend und in die Tiefe dringend Heilungsschritte mit dem Unbewußten. Der mit seiner Tiefe, mit sich selbst versöhnte Mensch vermag auch mit seinem Nächsten, insbesondere mit den schwierigen Mitmenschen versöhnt zu leben: die Versöhnung schreitet von b nach c fort und dringt so zunehmend auch ein in die Welt der zwischenmenschlichen Beziehungen. Von der Gegenwart ausgehend werden Versöhnungsschritte in die Zukunft hinein möglich. Der mit seiner Zukunft versöhnte Mensch, der nach vorne hin offen ist, kann allmählich auch konfrontiert werden mit den geschöpflich-kosmischen Realitäten, in die sein eigenes Leben und das Leben seiner Volksgenossen eingebettet ist. Zukunftsperspektiven können akzeptiert und auch in ihren apokalyptischen Dimensionen in das Versöhnungsgeschehen integriert werden. »Wenn dieses alles anfängt zu geschehen, so erhebet eure Häupter, darum daß sich eure Erlösung, sprich: Enderlösung, naht (Lukas 21, 28).

zeichnet, soll nun in einem nächsten Schritt die Entfaltung dieser Lebensordnung nach vier Richtungen hin angedeutet werden:

1. Erlösung schafft Versöhnung in vierfacher Hinsicht:
   Versöhnung des Menschen mit seiner Vergangenheit,
   Versöhnung des Menschen mit sich selbst,
   Versöhnung des Menschen mit seinen Mitmenschen, seiner Zukunft,
   Versöhnung mit Gott, dem Schöpfer, mit dem Chaos der Schöpfung.
2. Erlösung schafft Reich Gottes, Königreich der Liebe, Leib Christi, Gemeinde.
3. Erlösung schafft Überwindung des Todes in einer dreifachen Ausformung (Abb. 2).
4. Erlösung schafft endlich – einen neuen Himmel, eine neue Erde, in welcher Gerechtigkeit wohnt. Ziel der Erlösung = End-Erlösung.*

Zusammenfassend ist abschließend festzustellen, daß beginnende Seelsorge darauf achtet, inwieweit der natürliche Mensch mit seinen Sorgen und Lasten, Problemen und Freuden, der in die Seelsorge kommt und Fragen hat – inwieweit er offen ist für die hier kurz skizzierten Dimensionen der Erlösung: der Fleischwerdung des Sohnes Gottes, dem stellvertretenden Sühnetod, der

* Die beiden erstgenannten Erlösungsrealitäten, der Versöhnungsaspekt und der Reich-Gottes-Aspekt werden im folgenden Kapitel 3.3 erläutert; der Aspekt der Todesüberwindung in »Theologischer Exkurs« (3.2.8) dargestellt und der letzte Aspekt in Kapitel 4.7 besprochen.

Abb. 3: Bildliche Verdeutlichung der Zweinaturenlehre Jesu Christi: »unvermischt und ungetrennt« – Menschensohn und Gottessohn sind eins! Ein Sinnbild für den Modus der Zusammengehörigkeit von kreatürlich-geschöpflichem Sein und göttlichem Sein (Kol. 2, 9–13).
Durch Eindringen der Erlösungsrealität in die Schöpfungsrealität ereignet sich Heilung und Heil des Menschen.

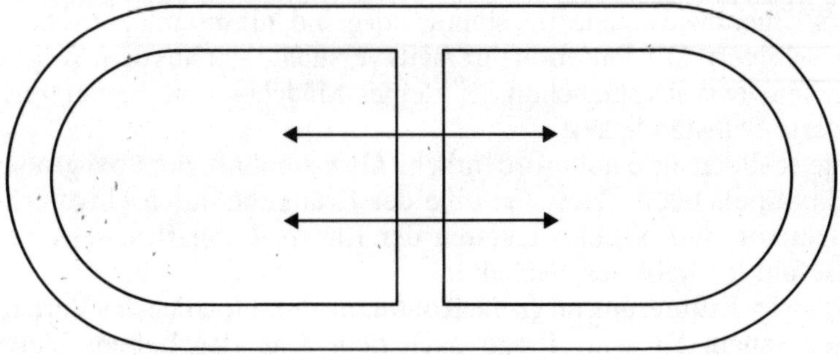

stellvertretenden Auferweckung. Inwieweit können diese geistlichen Dimensionen eindringen in das kreatürliche Alltagsleben. Die angemessene Ausdeutung, die Dolmetscherfunktion des Seelsorgers ist hierbei wichtig. Sie hängt ab von dem Hören- und Wahrnehmenkönnen des Seelsorgers, von dem Aufspüren der Not des andern und der Fähigkeit, sie angemessen mit den Erlösungsrealitäten zu konfrontieren. Hierbei kann es zu einer echten Konfrontation (wie im Fall der Begegnung Jesu mit der Samariterin) kommen, aber auch zu einer Wieder-Erinnerung des Verlorenen (wie im Fall des verlorenen Sohnes) oder aber zu einem echten Neuaufbruch. Eine Fallgeschichte aus der Seelsorge soll dieses Kapitel beenden. Die Daten sind so verändert, daß das Schweigegeheimnis gewahrt ist.

3.2.6 *Fallgeschichte*

27jährig, erste stationäre Aufnahme

Aufnahmediagnose: Schwere typische Depression mit bedrängenden Selbstmordgedanken, zwanghaft-gequälter Verstimmung bei innerer Unruhe, Nervosität, Händezittern. Ausgeprägte Angst, Lust- und Interesselosigkcit, oft Lccregefühl im Kopf.

Biographisch bedeutsam ist eine seit frühester Jugend erinnerbare ausgeprägte Tendenz, sich selbst Verletzungen zuzufügen. Diese selbstquälerischen Handlungen werden allmählich erinnert als wiederholte Versuche, Nadelspitzen in die Fingerkuppen zu drükken. Chronisch gestörte und belastete Beziehung zu Eltern und Geschwistern.
Drittälteste von insgesamt sieben Geschwistern. Die Mutter wird als »irgendwie eigenartig, ständig nörgelnd, nie mit mir zufrieden« geschildert. Die Patientin ihrerseits versuchte, ihr aus dem Weg zu gehen, entwickelte schon als kleines Mädchen eine bemerkenswerte Selbständigkeit.
Sie schildert ihre außerordentliche Gewissenhaftigkeit bei großer Empfindlichkeit. Tiefe Gefühle der Kränkung durch Ungerechtigkeiten und Nachlässigkeiten der Eltern. Lebhaftes, sensibles Gefühl für liebloses Verhalten.
8jährig: Erinnerung an große Kontaktarmut. Plötzlich das Verlangen, allein zu sein. Frage nach dem Sinn des Lebens bleibt unbeantwortet. Wenig Appetit.
10jährig: Erstmals Selbstmordgedanken.
13jährig: Entschluß Krankenschwester zu werden erregt Widerspruch bei den Eltern, der das Verlangen erzeugt, die Zusage zu erzwingen. In der Folgezeit heftige Schuldgefühle, verbunden mit Selbstmordgedanken.
15jährig: Verlassen des Elternhauses. Beginn einer hauswirtschaftlichen Ausbildung. Daran anschließend Krankenpflegelehre.
Hochgradig sensibles Gefühl für Eigenverantwortung auf der einen Seite, auf der anderen Seite empfindliche Kränkbarkeit: Durch diese Charaktereigenschaften ist das Beziehungsklima zu Mitarbeitern und Vorgesetzten bestimmt und extrem gefährdet. Die vorhandene Leistungsfähigkeit wird ständig hinterfragt.
Im Rahmen der Gespräche, in denen die Kindheitserlebnisse durchgesprochen werden, erweist die Patientin ein erstaunliches Erinnerungsvermögen. Während eines ersten Traumes hatte sie die Absicht, sich selbst ein Haus zu bauen, »als ich zurückkam, habe ich es nicht wieder so angetroffen, wie ich es verlassen hatte«. Im deutenden Gespräch hierüber versucht sie, eine Parallele zum jetzigen Zustandsbild zu ziehen: »Ich gehe weg, um ein neues Haus, neue Möglichkeiten zu suchen, aber das alte zieht mich mit großer Wucht wieder zurück. Ich versuche, ausgelassen und fröhlich zu sein, bemühe mich um Neuorientierung, aber die Leere kommt mit um so größerer Wucht auf mich zurück.«

In einem weiteren Traumbild, einer Spinne, assoziiert sie die vollkommene Sinnlosigkeit ihres Lebens. Diese Spinne, überdimensional groß und ekelerregend, taucht in den verschiedensten Lebenssituationen immer wieder auf. Sie zieht ihre Netze um alle Gegenstände, die der Patientin wertvoll und erstrebenswert erscheinen, bringt sie durch ihre Fäden zum Stolpern und schneidet ihr mehrmals einen beschrittenen Weg ab. Die Patientin zieht sich resigniert zurück und fühlt sich der Angst und Sinnlosigkeit ausgeliefert.

Diesen Traum vermag sie in einem entscheidenden späteren Gespräch auf die Beziehung zu ihrer Mutter zu übertragen und in einem deutenden Hinweis wahrzunehmen, daß ihre intensiven Selbstbeschädigungswünsche Ausdruck verdrängter, verleugneter Ablehnungs- und Haßgefühle gegen die eigene Mutter sind. Abwehr von Haß hatte also Selbsthaß, Selbstdestruktivität erzeugt.

Allmählich konnte sie dieses herausgearbeitete Gefühl akzeptieren. In einem späteren seelsorgerlichen Gespräch war es möglich, dieses aggressive Gefühl »unter die Macht des Kreuzes zu bringen«.

Sie konnte sich mit diesem Gefühl als mit Christus gekreuzigt identifizieren: »Ich bin diesem bösen Gefühl gestorben, das böse Gefühl in mir ist gestorben.« Ähnlich Paulus: »In welchem mir die Welt gekreuzigt ist und ich der Welt« (Gal. 6, 14).

Erstaunlicherweise war danach die Depression abrupt abgeklungen. Wenige Wochen später konnte sie symptomfrei entlassen werden.

Wiederaufnahme ein Jahr später.

Aufnahmediagnose: Erneut schwere Depressionen mit nahezu den gleichen Symptomen wie bei der Erstaufnahme. Erneut Selbstmordgedanken.

Während einer elfwöchigen stationären Therapie konnte dieses Mal ein erheblicher Konflikt zur acht Jahre jüngeren Schwester, die an einem Oberschenkelsakrom litt und lebensgefährlich erkrankt war, herausgearbeitet werden. Sie hing in inniger Liebe an dieser Schwester und konnte sich rasch in den Gesprächen erinnern, daß die depressiven Gedanken erneut einsetzten, als sie gegen den Rat einer Mitarbeiterin diese leibliche Schwester besuchte. Nach dem Besuch hatte sie den intensiven Wunsch, anstelle dieser Schwester zu sterben. Diesen stellvertretenden Todeswunsch konnte sie als Ausdruck einer depressiven Selbstverweigerung akzeptieren, als Sünde anerkennen und wie in der früheren Therapie »unter das Kreuz bringen«. Indem sie ihr eigenes Leben erneut annehmen und bejahen konnte, ereignete sich wiederum eine schlagartige Änderung ihres Befindens. Die Depression war abgeklungen, symptomfreie Entlassung nach wenigen Tagen möglich.

Dritte Aufnahme sechs Monate später.
Ähnliche schwere depressive Symptomatik. Während der vierwöchigen Therapie berichtete sie über erneut einsetzendes Depressivsein, nach einer mehrwöchigen Beschwerdefreiheit im Rahmen der emotionalen Belastung durch den Dienst im Altenpflegeheim. Die depressive Unruhe entstand unter dem zwanghaft starken Druck, alles perfekt machen zu wollen. »Nach der körperlich belastenden Vormittagsarbeit«, so erzählte sie, »war ich gegen Mittag völlig erschöpft und konnte mich nur ganz allmählich während des Nachmittags erholen.«
Diese Gestimmtheit bezeichnete sie als innere Leere, Hoffnungslosigkeit, verbunden mit dem Wunsch, unter allen Umständen durchzuhalten, ihre Pflicht zu tun, sich bis zum Äußersten einzusetzen. Hinzu kamen erneut Todeswünsche. Erinnerung aus frühester Kindheit traten wieder sehr heftig und intensiv in Erscheinung. Sie äußerte das Gefühl, daß sie während dieser Vormittagsstunden »einen eigenartig geheimnisvollen Druck empfand, wie wenn in ihr etwas sagen würde, du mußt durchhalten bis zum Letzten«.
Der Psychopathologe in mir wurde wach und versuchte dahinter zu kommen, ob es sich um Stimmenhören im psychotischen Sinne handelte. Nach mehreren sorgfältigen Aussprachen darüber war dies jedoch nicht klar erkennbar. Sie äußerte immer wieder, eine klar hörbare Stimme war nicht zu vernehmen.
Beim Durchsprechen der früheren Erinnerungen entstanden in mir Gefühle, eigentlich mehr Phantasien einer dunklen Ahnung, daß es sich bei dem geheimnisvollen Druckgefühl, welches sie quälend zu perfekter Arbeit zwang, um eine Störung in einer sehr tiefen emotionalen Schicht handelte, die bisher noch nicht beim Gespräch über die frühkindliche Situation angesprochen worden war ...
Der Seelsorger in mir hatte das Gefühl, daß es sich hierbei um eine eigenartige »Schuld der Väter und Vorväter« handeln könnte, die auf der Patientin lastete. Diese Deutung stieß bei der Hörerin zunächst auf intensiven Widerstand. Diesen Widerstand konnte sie aber allmählich als Schamgefühl deuten. Ein Gefühl, nicht zulassen zu können, daß bei ihr, einer gläubigen Christin, so etwas möglich sein könnte. Die Patientin empfindet das als narzißtische

Kränkung. In weiteren Gesprächen mußte sie jedoch immer wieder auf diesen unbestimmten, depressiven Druck zwanghaften Leistens zurückkommen. Allmählich entschloß ich mich zu dem Angebot, ob sie bereit wäre, diesem Druckgefühl in einem Absagegebet abzusagen.

Nach diesem Absagegebet mit »Freispruch« war erneut und umfassender als vorher das Gefühl einer inneren Ruhe, einer tieferen Geborgenheit spürbar. Erstmalig konnte erlebt und angenommen werden das einzigartige umfassende Opfer Jesu Christi. Dieses erneute Mit-Ihm-gekreuzigt-Sein hatte den Todesaspekt des Geworfenseins an Mächte der Vergangenheit ausgelöscht.

Nach dieser erneuten Beschwerdefreiheit erfolgte eine baldige Entlassung. In verschiedenen Briefen nach längeren Zwischenpausen bestätigt sich das Anhalten dieses neuen Lebensgefühls.

Diese Fallgeschichte faßt zusammen, wie in praktischen Schritten aus Glaubenserfahrungen Freiheitserfahrungen werden durch die Entdeckung der neuen Beziehungsrealität: Jesus Christus gelangt in mein Leben, in meine Vergangenheit, in meine Gegenwart. Das Grunderlebnis befreiten Lebens ist die Erfahrung der Stellvertretung Gottes in Jesus Christus: Er übernimmt meine Schuld, ich darf frei sein und neu beginnen. Diese Rechtfertigungslehre ist die Wurzel jeder Versöhnung. Die Rechtfertigung des Sünders aus Gnaden durch Fleischwerdung, Kreuzigung und Auferwekkung Jesu Christi ist die große Erneuerungstat, welche in die Tiefe des Unbewußten einzudringen versucht und als eine Tat der Stellvertretung bezeichnet werden muß (Eph. 2; 5, 6). Dies ist die eigentliche Bedeutung des Christusereignisses als eines theologisch-anthropologischen Ereignisses.

3.2.7 *Zusammenfassung* (3.2)

Dieser Behandlungsbericht sollte seelsorgerliche Interventionen darstellen und hervorheben, daß erst nach eindeutig wahrnehmbaren Konflikten, die gedeutet und akzeptiert werden konnten und in dieser Konstellation einen geistlichen Akzent hatten, die von der Patientin selbst eindeutig gesehen und zugegeben worden waren, die Konfrontation mit dem stellvertretenden Opfer Jesu Christi erfolgen konnte.

Diese »Therapiegeschichte« soll noch an einigen Stellen kommentiert werden. Ein wesentliches Kennzeichen dieser Biographie sind die seit früher Jugend wiederholt aufgetretenen Tendenzen, sich selbst Verletzungen zuzufügen und eine mit Selbstmordgedanken einhergehende depressive Selbstverweigerung. Bei den

Verletzungen stellt sich die Frage nach der Ursache. Diese Frage entsteht zunächst in der Phantasie des Therapeuten, und er vermutet zunächst hierbei Schuldgefühle, eine depressive Schuld-Angst, die mit Selbstbestrafungen einhergeht; daher die Verletzungen. Woher aber kommt diese Schuld-Angst? Bei genauerem Nachfragen über die Beziehung der beiden Eltern stellt sich heraus, daß die »nie zufriedene Mutter« auch sehr unzufrieden mit dem Vater war, der sich sehr wenig um die Familie, insbesondere um die Ehefrau, gekümmert hat. Zwar hatte der Vater die wirtschaftlichen Belange optimal unter Kontrolle, aber gefühlsmäßig kümmerte er sich nicht um Wünsche und Bedürfnisse seiner Familie. Die enttäuschte Gattin wiederum »überträgt« ihre Enttäuschtheit auf die Kinder, die aber nun, wie im Falle der Patientin, dieses Gefühl der Enttäuschung nicht der Mutter zur Last legen, sondern sich selbst anlasten. Dies ist ein wichtiger Grundzug von Eltern-Kind-Beziehungen, die durchgängig vorkommen, daß sich Kinder für Gefühle verantwortlich machen, die im Grunde elterliche Gefühle sind. In diesem Sinne soll vermerkt werden, daß die biographische Erhellung von Lebensgeschichten häufig wiederkehrende Gesichtspunkte zum Ausdruck bringt, eine von Generation zu Generation vererbte chronisch-destruktive Beziehungsstörung, die von den Eltern auf Kinder weitergegeben wird und psychopathologische Entwicklungen zur Folge hat, die primär immer mit Scham, Schuld und Angstgefühlen zu tun haben. Diese allgemeinen Gesichtspunkte einer Familienpathologie sind kennzeichnend für die unter 3.1.3 beschriebenen anthropologischen Aspekte nach dem Sündenfall. Es scheint, daß an der Wurzel jeder Familienpathologie diese drei Grundemotionen: Scham, Schuld und Angst eine besondere Bedeutung haben, da sie in Variationen und unterschiedlicher Intensität wiederkehren.

3.2.8 *Theologischer Exkurs III:* Über Absage,- Übergabe- und Öffnungsgebet

Diese Krankengeschichte soll mit einem *formulierten Absage- und Übergabegebet* beendet werden, welches beispielhaft zeigen soll, wie etwa der Seelsorger im einzelnen vorgeht.

Die konkrete Annahme der Versöhnung als Gnadenangebot Gottes ereignet sich im Gebet. Es sind hier zunächst zwei Gebetsziele zu nennen, die unbedingt zusammengehören und den *Überstieg aus der Knechtschaft der Sünde* in die *Kindschaft der Gnade* ermöglichen: 1. das Absage- oder Lossagegebet und 2. das Übergabe- oder Hingabegebet.

Im Absage- oder Lossagegebet werden die aus der Vergangenheit erkannten Erinnerungen (Enttäuschungen, Kränkungen, Verletzungen, erlebte Versagungen im Umgang mit den frühen Bezugspersonen Vater und Mutter) und gegenwärtige (aktuelle) Bindungen, Probleme, Konflikte als Schuld vor Menschen und als Sünde vor Gott erkannt, angenommen und in die Beziehung zu Jesus Christus hineingenommen, indem sie durch das Absage- und Lossagegebet in einem Wagnisschritt des Glaubens »als mit Christus am Kreuz ausgelöscht« erlebt werden.* Der Betende vertraut, glaubt und wagt es, daß all die Dinge der Vergangenheit in diesem Gebetsakt Jesus Christus übergeben und mit ihm am Kreuz sterben (siehe auch 4.6.3 und 4.6.4). Es sei an das bereits zitierte Wort 1. Johannes 1, 9 erinnert: »So wir unsere Sünde bekennen, so ist er treu und gerecht, daß er uns die Sünde vergibt und heilt uns von aller Untugend.« Oder das bekannte Psalmwort: »Der dir alle deine Sünden vergibt und heilet alle deine Gebrechen« (Ps. 103, 3 und Ps. 32). Derjenige, der dieses Absage- und Lossagegebet spricht, kann und darf damit rechnen, daß dieser Glaubensschritt Erfahrungs-Realität gewinnt. Diesem Schritt folgt der Zuspruch der Sündenvergebung durch den Seelsorger unter Berufung auf das bekannte Jesuswort in Matthäus 18: »Welchen ihr die Sünde erlaßt, denen ist sie erlassen, welchen ihr sie behaltet, denen ist sie behalten.«
In einem zweiten nachfolgenden Gebetsschritt folgt das *Übergabe- oder Hingabegebet.* Der Betreffende, der in der genannten Weise sich selbst vor Gott geöffnet hat und das ihn von Gott Trennende, seine Sünde, ausgeliefert hat, bedarf nun unbedingt einer neuen Füllung mit dem Geist Gottes. Diese Ausdrucksweise meint, daß der Auslöschungskraft des Kreuzes unbedingt folgen muß und kann die Erfüllung mit der Auferstehungskraft des Königs und Kyrios Christus. Paulinisch ausgedrückt: »So ihr mit Christus gestorben seid, so glaubet auch, daß ihr mit ihm leben werdet«, oder: »Haltet euch dafür, daß ihr mit Christus gestorben seid und lebet Gott«, oder Römer 6, 5: »Wo wir samt ihm gepflanzt werden zu gleichem Tode, so werden wir auch seiner Auferstehung gleich sein«, oder Kolosser 2, 12: »Ihr seid mit ihm begraben durch die Taufe, in welchem ihr auch seid auferstanden

* Hierzu folgende Erläuterung: Vor Gott ist »Sünde« nicht primär und nicht nur Ausdruck des Moralisch-Bösen im Menschen, sondern Wesensmerkmal seines Menschseins, seines Getrenntseins von Gott, welches Gott, der Erlöser allein heilen kann – durch seinen Opfertod. Die Annahme dieses Opfertodes durch den Menschen ist allein das Gott gefällige Werk, welches Christus vom Menschen erwartet und erbittet: »Kommt her zu mir alle, die ihr mühselig und beladen seid . . .!«

durch den Glauben, den Gott wirkt, welcher ihn auferweckt hat von den Toten und hat euch mit ihm lebendig gemacht, da ihr tot waret in den Sünden und in eurem Fleisch.«

Im Hingabe- und Übergabegebet gewinnt der Mensch Anteil an dem Wesen Christi selbst. Die Auferstehungskraft wird ihm durch den Geist zugeeignet. Fortan lebt sie in ihm als eine eigenc göttliche Kraft.

Es gibt zwei Möglichkeiten der Durchführung: Entweder der Seelsorger verwendet schriftliche, möglichst sorgfältige und genau detaillierte Notizen des Hilfesuchenden und formuliert selbst ein freies Gebet, welches der Hilfesuchende nachspricht; oder, bei geübteren Patienten wird die erhellte Biographie vom Patienten selbst in einem Absagegebet deutlich verbalisiert.

Ein Beispiel zur Verdeutlichung: (Je nach den Umständen können beide, Patient und Therapeut, sitzen oder beide knien, oder der Seelsorger steht und der Patient kniet).

Herr Jesus Christus!

Ich komme jetzt vor dein Angesicht und danke dir, daß du mich jetzt hörst. Mein ganzes Leben ist aufgedeckt vor dir, von Kindheit an bis auf den heutigen Tag. Deinen Augen ist nichts verborgen!

Im einzelnen möchte ich dir jetzt mein Leben übergeben und dir die Kränkungen, Verletzungen, Gebrechen meiner Vergangenheit im einzelnen übergeben, so konkret es mir jetzt möglich ist.

Zuerst möchte ich dir die Beziehung zu meiner Mutter von frühester Kindheit an übergeben! Du allein weißt, wie es alles gewesen ist: Ich nenne dir vor allem die tiefe Enttäuschung und Verletzung, daß meine Mutter so wenig Zeit hatte, daß sie ständig an mir herumgenörgelt hat, nie mit mir zufrieden war, daß sie ihre Enttäuschungen an mir abreagiert hat, so wie es mir im Nachhinein deutlich geworden ist. Du weißt, Herr, daß ich das damals alles nicht verstanden habe und meine eigene kindliche Angst, meine Scham- und Schuldgefühle verbergen und abwehren mußte. Ich übergebe dir all die größeren und kleineren Gebrechen, die damals schon in mein Leben hineingekommen sind.

Ich übergebe dir auch die Beziehung zu meinem Vater. Du weißt, wie gekränkt ich war, daß er sich nie um mich gekümmert hat, daß er nie Zeit hatte für mich, sondern immer irgendwie mit anderen Dingen beschäftigt war und unsere Familie dadurch so vernachlässigt und heimatlos war. Du weißt, Herr Jesus Christus, wie im späteren Leben diese fehlende Geborgenheit zu allen möglichen Fehlhaltungen und Fehlreaktionen geführt hat (Einzelheiten können genannt werden, sollen jetzt aber aus Platzgründen unter-

bleiben!). Weiter, Herr Jesus Christus, übergebe ich dir jetzt die Beziehung zu meinen Geschwistern. Du kennst all die Eifersüchteleien und konflikthaften Beziehungen, die unsere Kindheit und Jugend belastet haben. Ich nenne sie dir im einzelnen und liefere sie dir aus.
Ich danke dir, Herr Jesus Christus, daß all diese gestörten Beziehungen mit dir am Kreuz gestorben und ausgelöscht sind, daß ich dein stellvertretendes Opfer für mich in Anspruch nehmen darf und jetzt darauf vertrauen kann, daß diese Dinge wirklich mit dir am Kreuz sterben.
Ich vertraue auch, daß jetzt durch deine Auferstehungskraft von den Toten auch für mich neues Leben in die Welt meiner Beziehungen kommt. Ich danke dir, Herr Jesus, daß die Kraft des Heiligen Geistes, die dich aus dem Grab geholt hat, auch mein jetziges Leben erneuern und lebendig machen wird; indem diese Kraft in die Leerräume meiner Vergangenheit eindringt.
So übergebe ich dir jetzt auch die Beziehung zu meinen jetzigen Berufskollegen. Du kennst all die Schwierigkeiten, die da im Augenblick bestehen. Ich nenne sie dir im einzelnen und danke dir, Herr, daß du auch dafür gestorben bist und die Kraft deiner Auferstehung auch dafür da ist und mich erneuern kann. Zum Schluß, Herr, möchte ich dir auch die möglichen Belastungen übergeben, die von Eltern und Voreltern mütterlicherseits und väterlicherseits bis ins dritte und vierte Glied auf mich gekommen sein mögen. Du allein, Herr, weißt es, was da im einzelnen für Beziehungen, Mächte und Gewalten walten und wirken in der Tiefe und Verborgenheit meines Unbewußten. All diese für mich unsichtbaren und nicht wahrnehmbaren Bindungen bringe ich dir und möchte sie an dein Kreuz übergeben. Ich danke dir, daß all diese möglichen Bindungen und Belastungen mit dir am Kreuz ausgelöscht und gestorben sind.
So danke ich dir, Herr, daß ich jetzt dir mein Leben (erstmals oder aufs neue) übergeben kann. Ich möchte mich dir ausliefern mit Leib, Seele und Geist und Vergangenheit, Gegenwart und Zukunft meines Lebens dir aufs neue übergeben und ausliefern.
Herr Jesus Christus, du allein sollst mein Herr und Gott sein. Dir allein will ich gehören für Zeit und Ewigkeit. Lobpreis, Dank, Anbetung sei deinem heiligen Namen – Amen.
Nach diesem skizzenhaft formulierten Absage- und Übergabegebet kann der Seelsorger, wenn eindeutige Schuld vorliegt, ein eigenes Absolutionsgebet mit Schuldfreispruch anschließen. Wenn es sich ergibt, daß eindeutige Bezüge zu »Belastungen pränataler Natur« an Eltern und Voreltern vorliegen, kann auch

hierüber ein ausdrücklicher Freispruch erfolgen, indem am besten diese »Mächte« gebunden werden. Sind sie eindeutig definierbar, werden sie auch eindeutig benannt; sind sie das nicht, wird ganz allgemein der Ausdruck Mächte oder Gewalten genügen. Im einzelnen scheint es empfehlenswert, so vorsichtig wie möglich, aber auch so deutlich wie möglich in der Benennung und Benamung der Mächte vorzugehen.

Bei genügender Reife des Betenden und offen-sehnsüchtiger Erwartung kann ausdrücklich auch die Öffnung zum Empfang der »Fülle des Geistes« (Joh. 10, 11; Apg. 4, 8; 10, 44) geschehen, etwa in folgender Formulierung: Herr Jesus Christus – mein Leib soll von nun an ein Tempel deines Geistes sein. Ich bin offen für deinen Heiligen Geist, daß er von mir Besitz ergreife und eingieße Kräfte und Gaben, die du mir geben willst. Ich will demütig empfangen, was deine Gnade mir zugedacht hat. Laß du in mir wachsen die Früchte des Geistes nach deinem Wohlgefallen – Amen!

Für die Praxis scheint der Hinweis wichtig, daß diese (oder ähnlich formulierte Gebete zu *wiederholen* sind – insbesondere dann, wenn bei dem Gebet um »Heilung der Erinnerungen« sehr schwerwiegende, tiefreichende und weit zurückliegende »Kränkungen« benannt werden; ferner auch bei schweren körperlichen und psychischen Leiden eine Art *»Durchdringungsgebet«* notwendig ist. Damit ist eine Art Heilungs- oder Heiligungsgebet gemeint, welches etwa vergleichbar ist der Gebetsaufforderung des Apostels »Betet ohne Unterlaß« (1. Thess. 5, 17), womit eher eine Herzensverfassung, weniger eine Willens- oder Verstandesaktivität gemeint ist. Jedoch ist festzuhalten: Es gibt hierbei keine Absolutlösungen, keine Gesetze, die zu befehlen sind; allenfalls aus der Erfahrung erwachsene Hinweise und vor allem ein unablässiges neues Vertrauen in den Gott, der Wunder tut, die für IHN das Normale sind. Für Jesus, so scheint mir, sind Heilung und Heil identisch (siehe auch Nachwort) und das Heilungsgebet ein Vertrauensbeweis an ihn, wenn auch eingestanden werden muß, daß in unserer Glaubenserfahrung das Heilsangebot immer, die Heilungserfahrung »nicht immer« Realität sind.

Diese Hinweise über das Absage-, Übergabe- und Öffnungsgebet bedürfen noch einer Ergänzung. Es könnte der Eindruck entstehen, daß dieses, in wenigen Minuten sprechbare Gebet alles das enthält, was wir unter dem Stichwort »Heilung der Vergangenheit« oder »Heilung der Erinnerung« oder »innere Heilung« bezeichnen. Dieser Eindruck wäre ein Mißverständnis; vielmehr ist jetzt noch ausdrücklich zu vermerken, daß diesem Absagegebet eine mehr oder weniger *lange Vorbereitungszeit vorangeht.* Diese Vorbereitungszeit muß darin bestehen, daß in einer »Arbeit der Seele« (Jes. 53, 11) *eine Vergegenwärtigungsarbeit, Vergewisserungsarbeit und Verinnerlichungsarbeit geleistet werden muß.* In Abschnitt 2.4 wurde versucht zu definieren, was existentieller Glaube sei und darauf hingewiesen: Glaube ist Verinnerlichung, Vergegenwärtigung und Vergewisserung des Unverfügbaren im Akt der Freiheit aufgrund von Offenbarung. – Diese Definition bedarf jetzt noch einer konkreten Erläuterung. Hierbei muß sich zeigen, was diese Vorbereitungsarbeit bedeutet.

»Vergegenwärtigungsarbeit« meint, daß die aus der Vergangenheit stammenden erlittenen Verletzungen, Kränkungen, Enttäuschungen, all die empfangenen »narzißtischen Wunden«* in einem körperlich-psychischen Freiraum der Entspannung, der Entkrampfung wiedererinnert werden, sei es im Zweiergespräch, sei es aber auch allein in der Stille.

Diese Wiedererinnerung schafft Vergegenwärtigung, d. h. das Vergangene wird in die Gegenwart hereingeholt und kann somit im späteren Gebet Jesus abgegeben werden. Während die Vergegenwärtigungsarbeit im Hier und Jetzt geschieht, eine Arbeit des Augenblicks ist, ist die Vergewisserungsarbeit Wiederholungsarbeit. In der Vergewisserungsarbeit wird immer neu Vergegenwär-

* Der Begriff der *»narzißtischen Wunde«* stammt aus der Psychoanalyse. Sie versteht darunter eine mehr oder weniger tiefgreifende, aus der Vergangenheit herrührende psychische Verletzung, ein psychisches Trauma, welches mein Selbstwertgefühl zutiefst angegriffen, in Frage gestellt – verletzt hat. In der Regel handelt es sich hierbei um Strafen, die dem kleinen Kind ungerecht zugefügt worden sind; daß etwa Geschwister vorgezogen wurden, daß von Eltern Gefühle der Verachtung gezeigt wurden, etwa: Du bist dumm, widerwärtig, ungezogen, du taugst nichts, du bist nichts, du kannst nichts, du hast deiner Familie nur Geld gekostet, du warst ein unerwünschtes Kind, du hast nicht das versprochen, was ich von dir erwartet hatte. – »Narzißtische Wunden« entstehen natürlich auch durch einen Mangel an Liebe und Zuwendung, durch zu hohen Leistungsanspruch, durch zu wenig wirkliche Bejahung, durch Verletzungen von Mitschülern, die in bestimmten Neckereien und Schimpfworten das Ehrgefühl eines Kindes erheblich verletzen und es grausam behandeln können. »Diese Grausamkeiten werden im Zweiergespräch oft nach längeren inneren Widerständen eruptiv geäußert, meist unter Tränen zugegeben. Hierbei wird deutlich, daß das Nachempfinden eines wirklichen Gefühls immer auch mit Körperreaktionen verbunden ist, mit Weinen, mit einer Rötung des Gesichts, mit einer inneren Erregung, mit Angstschweiß, mit Händezittern, mit einer erheblichen motorischen Unruhe. Zu diesem Begriff der narzißtischen Wunde ist vielleicht abschließend festzustellen, daß diese Kränkungen erst im Kontext eines Lebens von Anlage und Umwelt zu wirklichen defekten Lebensentwicklungen führen; sind auch ausgleichende, wohlwollende, harmonisierende Bezüge im Leben eines Kindes vorhanden, wirken sie sich natürlich wesentlich weniger ungünstig aus.

tigungsarbeit wiederholt, bis ein Wahrheitszusammenhang zwischen meiner Person und der Person Jesu Christi hergestellt ist und in einem dritten Schritt verinnerlicht werden kann. Verinnerlichungsarbeit ist somit nicht mehr nur rational, sondern emotional zu erfassen und bedeutet letztlich Durchdringungsarbeit von Wahrheit, welche eine Person ist (Jesus Christus), in eine andere Wahrheit hinein, welche auch eine Person ist (mein Selbst!). Die Aussagen Vergegenwärtigungs-, Vergewisserungs-, Verinnerlichungs- und Durchdringungsarbeit sind Akte der Freiheit zwischen zwei Personen, welche das ganze Dasein von Vergangenheit, Gegenwart und Zukunft erfassen; somit Beziehungsrealität zwischen zwei Personen ausdrücken.
An einem Beispiel möchte ich das Gesagte verdeutlichen.
Vor einer Reihe von Jahren erlitt ich eine schwere, für meine weitere Entwicklung entscheidende Kränkung, als mir im Zuge meiner medizinischen Tätigkeit die Weiterarbeit auf einer schwierigen Station verweigert wurde. Mein Chef und der damalige Oberarzt haben mich über ihre eigentlichen Gründe nicht aufgeklärt; für mich jedenfalls was es klar, daß sie mir diese Aufgabe nicht zutrauten.
Dieses unbestimmte Gefühl der Enttäuschung, der schweren Verletzung verfolgte mich unmittelbar nach dieser Mitteilung ziemlich stark. Ich ging in ein Café-Restaurant, hielt mich dort für mehrere Stunden auf und trank eine Tasse Kaffee nach der andern. Während ich mich jetzt daran erinnere, wie es damals war, wird mir deutlich, daß in diesen Stunden, während ich den Schmerz nacherlebte, in meinem Inneren ein Kampf tobte.
Vergegenwärtigungsarbeit als Vorbereitung für das Absagegebet bedeutet, daß ich mir in der Stille vergegenwärtige, möglichst genau und detailliert die damalige Verfassung, den Raum, in dem ich mich befand, die Stimmung, die in diesem Raum herrschte, wie ich mich verhielt, was ich tat, wie ich fühlte, was ich dachte und gleichsam nacherlebe, was damals war; nachempfinde, was ich damals empfunden habe und so rekonstruiere das damalige Geschehen, die Kränkung, die Verletzung. Indem ich dieses geschehen lasse, konfrontiere ich es in einem zweiten Schritt mit dem anwesenden Jesus Christus. Genau das habe ich damals getan, und es gelang mir nach längerer Mühe und intensiver Vergegenwärtigungsarbeit. »Jesus Christus in die Beziehung hereinlassen« (siehe auch Kap. 4.6.3) heißt, daß ich jetzt spüre und wahrnehme, er ist da, er sieht mich, er hört, was ich sage, er empfindet, was ich empfinde, er fühlt, was ich fühle, er leidet, was ich leide und wie ich leide. Ich darf ihn anschauen, seinen Blick

spüren, vielleicht auch seine Hände, die mich umfangen, auf mir ruhen lassen und unter seiner Gegenwart lernen, das anzunehmen, was mir geschehen ist. Ich darf in dieser Vergegenwärtigungsarbeit alles das herauslassen und aussprechen, ausdrücken, was ich fühle an Wut, an Schmerz, an Verbitterung, an ungerechter Behandlung durch meine Vorgesetzten! Ob gerecht oder ungerecht, ob der Wahrheit entsprechend oder nicht – entscheidend ist, daß jetzt, im Augenblick, meine aktuelle Verfassung und meine frühere Verfassung eins werden in der Begegnung mit Jesus Christus. So geschieht Heilung, und dies ist die Vorbereitung für das Absagegebet!*

Bei sehr tief liegenden, weiter zurück in der Vergangenheit wurzelnden Kränkungen (siehe Lebenszeugnis und Fallgeschichte) wird dieses einmalige, in mehreren Stunden geschehene Vergegenwärtigen nicht ausreichen; vielmehr muß diese Vergegenwärtigungsarbeit immer wieder neu in Vergewisserung umgesetzt werden, d. h. daß ich mir immer neu verdeutliche und klarmache, Gott ist der, der da ist, »da« – in dieser damaligen Situation und in der heutigen Vergewisserung (Zeitraum der Aufdeckungsarbeiten in der Therapie). Ich bin mir gewiß seiner Gegenwart. Ich vertraue seiner – Stellvertretung! Ich vergewissere mich seines Opfers für diese bestimmte Kränkung, die mir geschehen ist.

In dieser wiederholten Vergewisserung – seines Daseins, seines Opfers – vertraue ich der Erlösungsmacht des gekreuzigten und auferstandenen Christus und – verinnerliche diese Kraft.

Während diese Bewegung: Christus und seine Vergebung in meinen Augenblick, in meine Vergangenheit hereinlassen Zeit und Mühe kostet, kann von einer anderen Bewegung gesprochen werden, in der ich die Möglichkeit habe, mich von meiner Situation ausgehend, in die damalige, von Christus gelebte Situation hineinzuversetzen. Ich kann im Zuge meiner Vergegenwärtigungs- und Vergewisserungsarbeit wahrnehmen und spüren, daß die biblischen Szenen, in denen Jesus gelebt hat, in denen er mit seinen Jüngern, mit den Pharisäern, mit dem Volk, mit Naturkatastrophen umgegangen ist – daß ich mich in schöpferischer Phantasie in diese Szenen hineinversetzen kann und gleichsam herausspüren kann: was hat ER mir jetzt in meiner speziellen Situation zu sagen. So erinnere ich mich, daß im Rahmen einer anderen Krisenzeit meines Lebens der Satz Jesu an Jarius, nach dem Tod seiner Tochter »Fürchte dich nicht, glaube nur« (Mark. 5, 36) eine

* In diesem Zusammenhang lies auch das Josephszeugnis in Genesis 41, 50

ungewöhnlich durchtragende Kraft entfaltet hat. Meine von Scham- und Schuldgefühlen bestimmte, angstvolle Situation wurde genau von diesem einen Satz getroffen und getragen. Oder ich versetze mich in das vom Sturm aufgepeitschte Boot, in dem die Jünger – ich bin einer von ihnen – mit Mühe an der Rettung des Bootes arbeiten, während Jesus schläft. So vergegenwärtige ich mir die Situation, deute sie auf meine Lage um, lerne schöpferisch, was die Wahrheit auf diesem Schiff für *meine* Wahrheit, meine Situation, bedeutet. In dieser Vergegenwärtigung lernt der Verstand, was Wahrheit ist, das Gefühl fühlt, was Vertrauen, Liebe und Hoffnung ist. Der Leib spürt, daß einer da ist, der zwar schläft, aber doch da ist, umfangend, wohlwollend, jederzeit bereit aufzuwachen und sein befehlendes Wort an den Sturm zu sprechen »Schweig still und verstumme«. Oder auch in einer anderen biblischen Szene (Matth. 26, 8; Joh. 12, 3–8) spüre ich in mir Besserwisserei und eine geheimnisvolle fromme Ideologie, die, ohne engagiert zu sein, Betroffenheit vortäuscht. Ich spüre in mir eine Macht, die mitmacht, solange es um Einfluß geht; aber auszusteigen gewillt ist, wenn Nachfolge nicht mehr in das eigene Konzept paßt. Ich spüre den *Judas in mir*, den frommen Besserwisser und Rechthaber, den frommen Ideologen der damaligen Gruppe und – erschrecke vor mir selbst in der Gleichzeitigkeit meines Judas-Seins – vor Christus. Dieses Erschrecken heilt mich. Es bringt mich zur Umkehr. Es kann mich total verändern. Oder ich versetze mich in die Lage des »blinden Bartimäus« (Mark. 10, 48) und schreie in einer notvollen Situation der Blindheit, der Orientierungskrise, der Ratlosigkeit und Ohnmacht: Jesus, du Sohn Davids, erbarme dich meiner, erbarme dich meiner! Ich vergegenwärtige, ich vergewissere mir, daß einer da ist, der vorübergeht, der immer für mich da ist, der in einer Beziehung zu mir lebt und ich zu ihm. Dies ist die praktische Bedeutung jener Sätze, mit denen existentieller Glaube definiert worden ist!

Wir halten fest: Vergegenwärtigungs-, Vergewisserungs- und Verinnerlichungsarbeit hat zwei Bewegungen: In schöpferischer Phantasie holt sie Jesus Christus in die jeweilige konkrete aktuelle Situation herein und konfrontiert sie mit einer früheren Situation, die erinnert werden muß. Oder in einer andern Bewegung, von innen nach außen, bewegt sie sich vom Hier und Jetzt in die Vergangenheit zurück, in der Jesus als Mensch gelebt, gedacht, gesprochen, gefühlt und gehandelt hat, und holt die Wahrheit der damaligen Situation in den Augenblick herein. Wichtig ist hierbei der Gedanke der Durchdringung, daß im Hier und Jetzt zwischen zwei Personen Lebensaustausch geschieht, wobei in diesen

Lebensaustausch die ganze Existenz, Leib, Seele und Geist; Vergangenheit, Gegenwart und Zukunft mit einbezogen sind. Dieser Austausch von Leben ist immer wieder Ereignis und Prozeß zugleich. Er geschieht im Hier und Jetzt und im Morgen und Übermorgen. Er dauert an! Er führt von Anfangserfahrungen zu weitergehenden Fortschrittserfahrungen.

Abschließend soll an zwei wichtigen biblischen Textaussagen dieser Vergegenwärtigungs- und Vergewisserungsprozeß näher verdeutlicht werden, um zu zeigen, daß diese Arbeit auch anhand von Wortaussagen wichtig und möglich ist. Christus ist – Sein Wort, wie es im Alten und Neuen Testament geoffenbart ist!

Zuerst ein alttestamentliches *Verheißungswort,* ein wunderbarer Gnadenzuspruch Gottes an sein Volk Israel: Ich zitiere einige Verse aus dem Propheten Jesaja: Jesaja 51, 11–15: Also werden die Erlösten des Herrn wiederkehren und gen Zion kommen mit Jauchzen, und ewige Freude wird auf ihrem Haupte sein. Wonne und Freude werden sie ergreifen, aber Trauern und Seufzen wird von ihnen fliehen. Ich, ich bin euer Tröster. Wer bist du denn, daß du dich vor Menschen fürchtest, die doch sterben, und vor Menschenkindern, die wie Gras vergehen? Und vergissest des Herrn, der dich gemacht hat, der den Himmel ausbreitet und die Erde gründet? Du aber fürchtest dich täglich den ganzen Tag vor dem Grimm des Wüterichs, wenn er sich vornimmt zu verderben. Wo bleibt nun der Grimm des Wüterichs? Der Gefangene wird eilends losgegeben, daß er nicht hinsterbe zur Grube, auch keinen Mangel an Brot habe. Denn ich bin der Herr, dein Gott, der das Meer bewegt, daß seine Wellen wüten; sein Name heißt Herr Zebaoth!

Ich versuche jetzt in einer Gebetsmeditation zu zeigen, was Vergegenwärtigungs- und Verinnerlichungsarbeit meint: Herr Jesus Christus, ich gehöre zu den Erlösten, du hast mich erlöst, wie auch immer ich mich im Augenblick befinde – dein Erlösungsanspruch ist ewige Freude für mich, ewige Freude für heute und morgen; ewige Freude für mein Gestern. Du bist auch in mein Gestern eingegangen.*

Du bist es, der tröstet. Dein Trost gilt immer dann, wenn Furcht da ist, Menschenfurcht, Existenzangst, Todesfurcht, Zukunftsangst. Wer wird mir helfen, diesen Tag zu bestehen. Wer hilft mir,

* Es ist hilfreich, diese Aussagen in der Stille zu empfinden, in einem Zustand körperlicher Entspannung und Ruhe, am besten in bequemer Körperlage, im Sitzen oder Liegen wahrzunehmen, aufzunehmen. Wahrnehmen heißt ja Wahrheit nehmen. Die Wahrheit dieses Wortes annehmen, aufnehmen, verinnerlichen.

diesem schwierigen Menschen zu begegnen! Wer zeigt mir das rechte Wort zur rechten Zeit diesem speziellen Menschen gegenüber: Danke, Jesus, du bist mein Tröster, du zeigst mir, daß außer dir nichts Bestand hat, sondern alles vergeht. Danke, Jesus, du erinnerst mich immer wieder an mein Vergessen, daß ich dich vergesse, daß du mein Schöpfer und Vater bist, daß ich immer wieder ohne dich lebe, dahinlebe, ohne dein zu gedenken. Du erinnerst mich an meine Furcht – die Sünde ist, an meine Furcht vor dem Grimm des Wüterichs, der Macht der Feinde, die verderben – wo du doch da bist, der stärker ist als jeder Feind. Danke – du erinnerst mich, daß du es bist, der da ist! Du erinnerst mich an meine Gefangenschaft, an die Gefangenschaft meiner Gefühle und Empfindungen, an die Gefangenschaft meiner Prägung von Kindheit an, an die Gefangenschaft meiner unbewußten Leidenschaften und Begierden, an die Gefangenschaft, die mich an Menschen kettet. Du erinnerst mich an die wiederholten Enttäuschungen, daß Menschen, die mich lieben, anders denken, anders fühlen, anders entscheiden als ich! Daß sie mich enttäuschen, weil sie anders sind, und indem du mich daran erinnerst, versöhnst du mich mit ihnen und befreist mich aus dem Gefängnis meiner vielfältigen Gefangenschaften, damit ich nicht hinsterben muß, sondern leben bleiben darf. Denn du sagst mir: Wer da lebt und glaubt an mich, wird nimmermehr sterben. Danke, Jesus, du bist mein Herr und mein Gott, mein Schöpfer: der Schöpfer des ganzen Alls. So lege ich meine Worte in deinen Mund, meine Gedanken in deine Gedanken zurück, meine Gefühle in deine Gefühle zurück, meine Empfindungen in deine Empfindungen, meinen Leib in deinen Leib und bin so erlöst, daß ich zu Zion spreche: Du bist mein Gott, und Gott zu mir spricht: Du bist mein, du gehörst zu meinem Volk.«

Diese Vergegenwärtigungs- und Verinnerlichungsarbeit kann ähnlicherweise an jedem Wort der Schrift erprobt werden, unterschiedlich durchmeditiert werden. Jeder Mensch hat eine eigene Sprache, seine eigene Wahrnehmung, seine eigenen Geheimnisse mit seinem Herrn. Aber diese Sprache muß geübt und erprobt werden, wenn sie lebendige Beziehung ermöglichen soll.

Abschließend ein biblisches *Gerichtswort*, welches im Kontrast zu diesem gnadenvollen Verheißungswort steht und ebenso der Vergegenwärtigung und Verinnerlichung bedarf: Ich zitiere Lukas 10, 13–16: Weh dir, Chorazin! Weh dir, Bethsaida! Denn wären solche Taten zu Tyrus und Sidon geschehen, die bei euch geschehen sind, sie hätten vorzeiten in Sack und in Asche gesessen und Buße getan. Doch es wird Tyrus und Sidon erträglicher gehen

im Gericht als euch. Und du, Kapernaum, die du bis an den Himmel erhoben bist, du wirst in die Hölle hinuntergestoßen werden. – Wer euch hört, der hört mich, wer euch verachtet, der verachtet mich. Wer aber mich verachtet, der verachtet den, der mich gesandt hat.
Auch dieses Gerichtswort gehört in die Beziehungsrealität zu Christus hinein. Ich frage mich und bete: Herr Jesus Christus, dein Wehe gilt Chorazin, Bethsaida, Kapernaum. Du redest zu Städten. Auch ich lebe in einer Stadt. Du redest zu deinem Volk Israel, auch ich gehöre zu einem Volk. Ich gehöre zu einer Gemeinde, ich gehöre zu einer Klinik, zu einer Gruppe von Menschen, die nur zum Teil dich kennen und dir dienen, nur zum Teil deine Gebote beachten, deinen Willen erkennen und dir folgen wollen. Herr, was sagst du mir mit diesem Worte! Ist Chorazin, Kapernaum in mir, ist es ein Bereich in meiner Seele? Du redest zu diesen Städten wie zu einem Menschen. Ich spüre, daß du in mir dasjenige meinst, was von dir abfallen will, was nichts mit dir zu tun haben will, was dir ausweichen möchte. Ich spüre, daß ich deine Taten immer wieder nicht ernst nehme, daß dein Leben, deine Macht, dein Opfer mir zu wenig bedeutet, daß ich in Gefahr bin, es totzuschweigen, es zu übersehen, im Verlauf der Tagesroutine meine eigenen Gesetze, meine eigenen Maßstäbe erkenne und die deinigen vergesse. Ich spüre, daß ich dann wie einer zu Kapernaum bin, der zwar bis an den Himmel erhoben worden war, aber doch vergißt, vernachlässigt und versäumt, deine Taten zu erinnern und sie zu bezeugen. Danke, Herr, daß du im letzten Vers nicht mehr von diesen gefallenen Städten redest, sondern von deinen Jüngern. Danke, daß du sie deutlich unterscheidest, eine Abgrenzung vollziehst zwischen Kapernaum und den Jüngern. So hilf mir, daß ich mich hören lasse; daß ich mich verachten lasse, daß ich deinem Ruf folge, deinem Ruf in die stellvertretende Beugung und Buße. Denn ich gehöre zu Kapernaum, ich gehöre zu meiner Stadt Frankfurt, ich gehöre zu einem Land, welches dich verlassen hat. Ich beuge mich und tue Buße stellvertretend für viele. So hilf mir, dir gleichzeitig, mit dir gegenwärtig zu leben!
Zusammenfassend möchte ich noch einmal hervorheben, daß diese Vergegenwärtigungs-, Vergewisserungs- und Verinnerlichungsarbeit, wie sie in einigen Sätzen kurz skizziert werden sollte, eine Vorbereitung darstellt für das abschließende Absage-, Übergabe- und Öffnungsgebet. Das Ziel hierbei ist ein *spürbares Gleichzeitig-Werden meines Lebens mit dem Leben Jesu Christi.* Die Uroffenbarung Gottes an Mose lautete ja: Ich bin, der ich bin;

genauer: Ich bin der, der ich *da* bin, ich werde sein, der ich *da* sein werde. Dieses Da-Sein Gottes im Hier und Jetzt, ganz konkret für mich – das ist das Ziel dieser dreifachen Arbeit der Seele. In Kapitel 4 werden einige Aspekte des bisher Gesagten in anderem Zusammenhang noch einmal aufgenommen.
Ein Gedicht von Jochen Klepper soll dieses Kapitel abschließen:

Ohne Gott bin ich ein Fisch am Strand,
ohne Gott ein Tropfen in der Glut,
ohne Gott bin ich ein Gras im Sand
und ein Vogel, dessen Schwinge ruht.
Wenn mich Gott bei meinem Namen ruft,
bin ich Wasser, Feuer, Erde, Luft.

3.2.9 *Theologischer Exkurs IV:*
Über den Tod des Menschen und den »Tod Gottes«.

»Der Tod ist der Lohn der Sünde, die Gabe Gottes aber ist – ewiges Leben in Christus Jesus, unserem Herrn« (Röm. 6, 23).
Dieses Pauluszitat aus dem Römerbrief bezeugt uns, wie es die Abbildung 2 auszudrücken versucht, den Tod als eine Folgeerscheinung des Sündenfalles. Die verschiedenen Schriftzeugnisse kennen, wenn ich recht sehe, das Todesereignis als eine dreifache Tatsache, die am besten auf verschiedenen Ebenen dargestellt werden kann:
Tod als geistlicher Tod (Eph. 2, 5; 4, 18).
Tod als physisches Ereignis, das Ereignis des Grabes, in welches der Leib des Menschen hinabsinkt (Luk. 16, 26; Joh. 11, 14) und der Tod als ewiges Ereignis der Verdammnis (2. Petr. 2, 9).
In diese Todesmacht hinein ragt das Christusereignis, das Christusereignis als Todesereignis.
Das Christusereignis kann in mehreren Abschnitten dargestellt werden: Die Geschichte des präexistenten Christus oder Christus nach dem Paradies ist ausgedrückt in der Geschichte jener Menschen, zu denen Gott eine lebendige Beziehung eingegangen war. Überall wo Gottes Beziehung lebendig ist, Gott redet, waltet Christus, das lebendige Wort. – In Abel – Seth – Enos – Henoch, von dem es heißt, daß er mit Gott wandelte und entrückt wurde – Noah – Abraham – die Propheten – bis Jesus: In all diesen beispielhaft genannten Menschennamen, zu denen Gott gesprochen hatte, war Christus präexistent lebendig. Jetzt nach diesem ersten Abschnitt des präexistenten Christus folgt der zweite Abschnitt: »Jesus, das fleischgewordene Wort Gottes.« Dieser beginnt mit seiner Geburt und endet mit seiner Kreuzigung.

Danach beginnt die Geschichte des in das Totenreich hinabgefahrenen Christus. Sie ist biblisch bezeugt im 28. Kapitel des Matthäus und ist dargestellt im Grab Jesu. Nach dem Sabbat, nach der Kreuzigung, nach der Vollendung des Lebenswerkes des fleischgewordenen Christus, deutlich geworden in seinem Ausruf »Es ist vollbracht«, – war der Vorhang im Tempel zerrissen, die Scheidewand zwischen Gott, dem Heiligen, und den unheiligen Menschen war aufgebrochen. Christus war ins Grab hinabgestürzt. Die Frage stellt sich, in welches Grab. Ist es das Grab Christi?
Es ist niemals das Grab Gottes, sondern es kann nur sein – das Grab des Menschen; das Grab, welches seinen Tod umschließt, das Menschheitsgefängnis. Es ist das Grab unseres Todes, das Grab unserer Sünde, das Grab unserer Leidenschaften und Begierden, das Grab des toten Menschseins. Gott ist mit dem toten Menschen solidarisch geworden. In Epheser 2, 1–7 gibt Paulus eine theologische Erklärung über den Sinn und die Bedeutung dieses Todes Christi: Es ist die Gleichzeitigkeit des einen Todes, die Geschichte des einen Menschentodes, welchem sich Christus verbündet. Der Tod des Adam, damals bis heute der Tod der Menschheit – das ist der Tod Christi, das Grab Christi.
Drei Tage Todesereignis! Drei Tage Schweigen Gottes! Wirkliches Schweigen? Für die Menschen ja, für Gott: Christus fährt in das Totenreich hinab, um die Gefängnisse dort unten gefangenzuführen, um den Toten Evangelium, frohe Botschaft, Errettung vom Tod zu verkündigen (Eph. 4, 8). Geheimnis Gottes ist die Verkündigung des Lebens mitten im Tod.
Drei Tage währt dieses Ereignis, Schweigen Gottes. Ist es für den Seelsorger nicht immer wieder das schwierigste und aufwühlendste Ereignis, wenn bei all seinem Tun, bei all seiner Hoffnung auf Erweckung – Christus im Grab bleibt, sein Schweigen unverändert fortbesteht. Die Frage entsteht, wie lange noch, Herr, wie lange noch bleibst du im Tod, wie lange noch dauert dein Schweigen an?
Verstehen wir das Schweigen Gottes mitten in unserem Tod, wo wir doch auf Erweckung, auf Totenerweckung hin angelegt sind und auch aufgerufen sind, daran zu glauben? Darum die zeitliche Begrenzung des Todes, des Christustodes. Während der Tod andauert und in seiner Dauer dem Ende entgegengeht, folgt das Leben, das ewige, nicht endende Leben.
Totenerweckung damals, Totenerweckung heute heißt, daß die Kraft Gottes vom Himmel herab kommt, den Stein, den schweren Grabstein, das versiegelte Grab öffnet und die Wächter lähmt. Allein der Engel vom Himmel, der Lichtschein aus der Höhe, die

Kraft des Wortes Gottes können dies tun. Die Christuserweckung aus den Toten vollzieht Gott. Die Erweckung aus dem natürlichen Tod (Kol. 2, 13; Eph. 2 ff.), heraus aus dem Tod (Totsein für Gott) hinein in ein Leben für Gott, in das Leben des Glaubens, ist ebenso Totenerweckung. Der schwere Stein, wer wälzt ihn von des Grabes Tür? Was ist dieser Stein, der das Grab verschließt, der den Tod verfestigt; der verhindert, daß der Tod verschwindet, das Böse, der Tod in uns, herauskommt und Leben ermöglicht? Wer sind die Todesmächte in uns, welche uns zur Sprachlosigkeit verdammen, welche verhindern, daß das göttliche Licht in unser Grab hineindringt: in die Nacht unserer Scham-, Schuld- und Angstgefühle; Mächte, die uns in die Isolierung treiben, nicht zur Ruhe kommen lassen durch ewige Selbstanklagen, Selbstbeschuldigungen oder auch Selbstrechtfertigungen. Es sind die tief im Menschen verwurzelten Diesseits-Eigenschaften: der Stolz, der Neid, die Eifersucht, die ungestillten narzißtischen Bedürfnisse, welche die Beziehung zum andern und zum lebendigen Gott blockieren. (In Hesekiel 37 ist in ergreifender Schilderung die Wiedererweckung der Totengebeine dargestellt; ein Sinnbild für Erneuerung der alttestamentlichen [Israel] und neutestamentlichen Gemeinde.)
Die Wächter, die in weiterem Abstand das Grab bewachen, diese geheimnisvollen Gralshüter, welche Namen können wir ihnen geben? Es sind die von einer fremden Macht abgesandten Hüter, die unter allen Umständen das Grab als Grab festhalten möchten. Jene Mächte, die unter allen Umständen verhindern wollen, daß das Grab sich in Leben verwandelt. Paulus gibt in Epheser 2 eine klare Antwort. Es sind jene mächtigen Geister, die in der Luft herrschen, jene luziferischen Geister, welche das Autonomiebedürfnis der Menschen schüren und anheizen, um jeden Preis versuchen, das Gefüge der eigenen Grandiosität und Allmacht zu festigen (Gal. 5,19–21). Jene Wächter des Grabes, die den Auftrag haben, das Menschengrab der Menschheitsgeschichte fortbestehen zu lassen – in tödlicher Verewigung.
Was hilft? Der Engel Gottes! Der Engel als Zeichen des göttlichen Armes, des göttlichen Willens, des ewigen Liebesgedankens: »Ich lebe, und ihr sollt auch leben!« (Joh. 14, 19).
Die ewige Liebe Gottes hatte sich in das Grab der Menschen legen lassen, um sie zu erwecken zu ewigem Leben. In der Gleichzeitigkeit mit Christus, in seiner Totenerweckung wird der Tod besiegt, die Todesmacht überwunden, die Todesgewalt in Stufen aufgehoben: zunächst der geistliche Tod, danach der physische Tod, danach der ewige Tod! In Epheser 2, 1–7 wird eindeutig bezeugt:

Der Tod Jesu Christi ist der Tod der Sünder und gleichzeitig der Tod des Todes. Bereits das Todesereignis der ägyptischen Macht bei Durchzug des Volkes Israel durch das Rote Meer (Kap. 3.4.3) wird dies deutlich zeigen. Der Tod der einen Macht (Ägypten) ermöglicht das Leben der anderen Macht (Israel). Es ist das Urgeheimnis der Schöpfermacht Gottes: aus Tod Leben hervorgehen zu lassen: »Er ruft dem, das nicht ist, daß es sei . . .!« Der Tod Jesu Christi bewirkt den Tod des Sünders, er ermöglicht sein Leben; der Tod Jesu Christi – bewirkt den Tod des Todes in seiner dreifachen Ordnung – Tod wird aufgehoben, Tod wird vernichtet, dadurch wird ewiges Leben möglich, Leben bleibt Leben, Leben in Ewigkeit, Verewigung gelebten Lebens.
Durch die Teilhabe Christi am Tod, durch das Eingehen des Lebens Gottes in den Tod wird der Tod abgeschafft. Der Tod ist für immer unmöglich geworden.
Während die Menschen dieses Geheimnis verloren haben und über die Jahrhunderte hinweg an dieser neutestamentlichen Wahrheit vorbeigelebt haben (viele Christen auch heute noch weithin daran vorbeileben), weist Paulus uns eindeutig auf dieses Geheimnis hin und stellt es in den Mittelpunkt seiner Theologie: Die Theologie des Kreuzes, die Theologie des Grabes Gottes in Christus ermöglicht die Theologie des Lebens.
Die Todesmacht weiß um dieses Geheimnis: Satan, der Urheber des Todes, der Urheber der Sünde, der Urheber allen Schreckens weiß, daß seine Schöpferkraft eine Schöpferkraft zum Tode ist. Während Gott aus Tod Leben schafft, schafft Satan aus Leben Tod, immer nur Tod, Todesfrüchte, Todesereignisse. Darum seine Absicht, unter allen Umständen, mit allen Mitteln das Grab Christi zu verewigen, damals und heute! Die Gräber seiner Schrecken, die Gräber der Angst-, Scham- und Schuldgefühle, die Gräber der abgebrochenen Beziehungen. Tod ist Beziehungslosigkeit, Tod ist Abgeschiedenheit und Leere, Tod = Gewalt und Terror, Tod ist der Gegensatz von Glaube, Hoffnung und Liebe, der Gegensatz von Vertrautheit. Tod ist der Inbegriff alles dessen, was Feindschaft gegen Gott meint und beinhaltet: die Frucht des luziferischen Geistes.
Ewiger Tod, Verdammnis, heißt Dauer des Todes, Bleiben des Bösen, Fortbestehen des luziferischen Geistes, des Urhebers des Bösen. Bekennen wir uns abschließend zu dem Siegesruf des Apostels Paulus: »Tod, wo ist dein Stachel; Hölle, wo ist dein Sieg? Gott aber sei Dank, der uns den Sieg gegeben hat durch unsern Herrn Jesus Christus« (1. Kor. 15).

3.3 **Die Vertiefung der Seelsorge: Überwindung von Abwehr!**

Das Lebenszeugnis und der Fallbericht haben uns in das Thema der vertieften Seelsorge eingeführt. Sie zeigen, daß immer wieder neu Erinnerungen aus der frühen Kindheit ans Licht kommen. Scham-, Schuld- und Angstgefühle, Kränkungserlebnisse, Enttäuschungen werden in der Zweierbeziehung Arzt/Patient bewußt. Sie sollen angenommen werden und in einem Glaubensschritt, genauer: in einem Wagnisschritt des Glaubens an Jesus Christus abgegeben werden. Ganz konkret werden sie der Macht des Kreuzes Christi ausgeliefert, um dort zu sterben. Diese stufenweisen Schritte der Bewußtwerdung von kränkenden Erinnerungen, Verfehlungen, Erfahrungen von Schuld sind zugeordnet stufenweisen Schritten der »Selbstauslieferung« an Christus. Hiermit verbunden ist eine stufenweise *Selbstübergabe an Christus* und hiermit verbunden eine *stufenweise Selbstbefreiung durch Christusbefreiung*. »So euch nun der Sohn frei macht, so seid ihr recht frei« (Joh. 8, 36). – Seelsorgebeispiele zeigen Schuld und auch die Abwehr gegen Erneuerung, den Widerstand gegen das Aufdecken des Vergangenen. Dieser Widerstand zeigt die ungeheure Spannung, die entsteht, wenn die Erlösungstat durch Christus, sein Leben, eindringen will in den Menschen. Es ist, wie später noch genauer zu zeigen sein wird, eine Konfrontation zwischen Licht und Finsternis.

3.3.1 *Glaube und Freiheit: ein Spannungsverhältnis der Gläubigen*

In Johannes 8, 31–59 wird in erschütternder Weise auf dieses Widerstandsmanöver des Menschen eingegangen. Es zeigt sich mehr oder weniger deutlich in jeder Seelsorge und auch in jeder Form von Psychotherapie. Die Wahrnehmung des Widerstands gegen Veränderung; die Erkenntnis, daß ich böse bin, daß es in meinen Erinnerungen zum Ausdruck kommt und daß es mein aktuelles Verhalten bestimmt, zeigt die Dialogrede Jesu mit den an ihn gläubigen Juden. Zunächst ist in diesem Text darauf hinzuweisen, daß Jesus mit Juden redet, die an ihn glaubten. Was Jesus ihnen im folgenden Gespräch klarmachen möchte, ist jener geheimnisvolle Zusammenhang, *daß der Glaube an ihn noch nicht Freiheit ist.* Vielmehr versucht er ihnen zu verdeutlichen, daß die *Anfangserfahrung des Glaubens weitere Erfahrungen* nach sich ziehen muß: »So ihr bleiben werdet an meiner Rede, so seid ihr meine rechten Jünger. Ihr werdet die Wahrheit erkennen, und die Wahrheit wird euch frei machen« (Verse 31, 32). Es geht also um

Glaubensschritte, die zu Erfahrungsschritten werden müssen: an ihn glauben, an seiner Rede bleiben, die Wahrheit erkennen, die Freiheit durch die erkannte Wahrheit erfahren. Zusammengefaßt heißt das: Aus der Anfangserfahrung des Glaubens folgt noch nicht Freiheit. Die Berufung der gläubigen Juden auf ihre Abrahams-Zugehörigkeit, d. h. die Berufung auf ihre Rechtschaffenheit, auf ihre durch Geburt und Erziehung vermittelte positive Frömmigkeits-Tradition, läßt Jesus nicht gelten, vielmehr erklärt er ihnen in aller Schärfe und Deutlichkeit: »Wahrlich, wahrlich, ich sage euch, wer Sünde tut, der ist der Sünde Knecht« (Vers 34) und verheißt ihnen Freiheit durch den Sohn.
Im Fortgang dieses Dialogs wird der scharfe Konflikt immer deutlicher, und es zeigt sich, daß der Hinweis Jesu: »Ihr seid von dem Vater, dem Teufel« (Vers 44) zu verdeutlichen sucht, daß die reine Abrahams-Zugehörigkeit als natürliche Basis ihres Glaubens in keiner Weise ausreicht, sondern unter allen Umständen ersetzt werden muß durch eine klare Jesus-Zugehörigkeit: »Nur wen der Sohn frei macht, der ist recht frei.« Eine Abrahams-Freiheit gibt es nicht, vielmehr ist sie Bindung an die Sünde, ja schließlich an den Teufel, den Urheber der Sünde und des Todes.
In Markus 8, 31–33 wird auf dieses Problem in etwas anderem Zusammenhang aufmerksam gemacht. Nachdem Jesus begonnen hatte, seine Zuhörer, auch seine Jünger, zu belehren über seinen Ausgang, daß er nämlich viel leiden, verworfen werden muß und von den religiösen Führern seines Volkes getötet werde, da erhebt Petrus seine Stimme, wendet sich dagegen und meint in menschlicher Gutmütigkeit: »Das widerfahre dir nur nicht.« Jesus wendet sich gegen ihn in überraschend provozierender Schärfe und sagt: »Weiche hinter mich, du Satan, denn du meinst nicht, was göttlich, sondern was menschlich ist.«
Wenn ich hier nicht theologisch, sondern anthropologisch und tiefenpsychologisch darauf hinweisen möchte, daß diese scharfe Zurechtweisung ein ähnliches Ziel verfolgt wie in dem soeben geführten Gespräch Jesu mit den an ihn gläubigen Juden, so ist folgendes festzustellen: *Die hier von Jesus benützte provozierende Benennung menschlicher Abwehr gegen die von Jesus Christus vorgetragene Gotteswahrheit ist außerordentlich ernst zu nehmen.* Diese Abwehr kommt aus der Tiefe des Menschlichen, aus der Tiefe des Herzens, und sie sind gerade in ihrer Menschlichkeit als Emotionen der Entrüstung, des Ärgers, der Enttäuschung, der Rechthaberei und Besserwisserei Ausdruck jenes Geistes in uns, der aus der gefallenen Schöpfung herrührt, hinter dem letztlich

Satan steckt. Dieser »Tiefenblick«, dieser »Durchblick« ist in der Regel nur Jesus eigen und wenigen Menschen, denen es in dieser Weise geoffenbart ist. Die Konfrontation mit diesem Hintergrund, mit dem, was »im Menschen wirklich ist«, zeigt an die Verführbarkeit jedes einzelnen, auch der Gläubigen, und dagegen wehrt sich der Mensch mit aller Macht. Die Konfrontation mit diesen tiefen Wahrheiten ist aber unerläßlich. Um geheilt, geheiligt, gereinigt, als Mensch nicht nur scheinbar, sondern in der Realität erlöst zu werden, muß ich es Jesus gestatten, daß er es benennt als das Satanische in meinem Herzen. Erlöst werden sollen ja nicht nur der Wille und der Verstand, sondern auch die Tiefe unserer Gefühle und innersten Phantasien. Dies möchte Jesus in beiden Beispielen zum Ausdruck bringen.
Im Kontext unsres Themas heißt das, daß aus den Anfangsschritten bewußter Glaubenshingabe Vertiefungsschritte folgen müssen, welche die Aufhebung der inneren Bindungen, der inneren Widerstände und Abwehrmanöver Schritt um Schritt zur Folge haben. Das Johannes-Schriftwort ermutigt zu diesen vertieften Schritten der Hingabe mit der wunderbaren Verheißung: »Ihr sollt frei werden!« (Joh. 8, 32. 33).

3.3.2 **Versöhnungsschritte** (Siehe Abb. 2)

3.3.2.1 Erster Versöhnungsschritt: Versöhnung mit meiner Vergangenheit.

Die Zeugnisberichte haben es bereits angedeutet. Im Grunde geht es hierbei um Heilung der Erinnerungen. Dieses Stichwort bedeutet, daß Erlebnisse und Erfahrungen der Kränkung aus frühester Kindheit und Jugend aufgedeckt, ans Licht gebracht werden und so unter die reinigende, heilende und heiligende Macht der Sühnung durch Jesus Christus kommen. Folgende Schriftworte hierzu: »So wir unsere Sünde bekennen, so ist er treu und gerecht, daß er uns die Sünden vergibt und heilt uns von aller Untugend« (1. Joh. 1, 9). »So wir im Licht wandeln, wie er im Licht ist, haben wir Gemeinschaft untereinander und das Blut Jesu Christi, seines Sohnes, reinigt uns von aller Sünde« (1. Joh. 1, 7).
In Psalm 32, 38 und 39 wird auf das innere Elend, das Verschmachten, die stinkenden Wunden, die eitern vor Torheit – hingewiesen und in der Begegnung mit dem Herrn, im Harren auf ihn das Erlebnis ausgedrückt, daß »der Herr mir beisteht, meine Hilfe ist«; »denn bei dir ist die Quelle des Lebens, und in deinem Licht sehen wir das Licht« (Ps. 36, 10); und »Wohl dem, dem die

Übertretungen vergeben sind, dem die Sünde bedeckt ist! Wohl dem Menschen, dem der Herr die Missetaten nicht zurechnet, in des Geist kein Falsch ist« (Ps. 32, 1–2). Darum »will ich dem Herrn meine Übertretungen bekennen. Da vergabst du mir die Missetat meiner Sünde« (Ps. 32, 5).

»Der dir alle deine Sünden vergibt und heilet alle deine Gebrechen, der dein Leben vom Verderben erlöst und dich krönet mit Gnade und Barmherzigkeit« (Ps. 103, 3–4), »Fürwahr er trug unsere Krankheit und lud auf sich all unsere Schmerzen« (Jes. 53, 4 + 5).

Diese Schriftworte verdeutlichen, daß die Heilungskraft des Wortes, das heilende Licht in Christus bis in unsere Vergangenheit zurückreicht. Denn die Zeit, die wir aufgliedern in Vergangenheit, Gegenwart und Zukunft, ist bei Gott *eine* Zeit.* Versöhnung mit meiner Vergangenheit heißt, daß alle schuldhaften Verflechtungen und Verirrungen in der Beziehung zu meinen frühen Bezugspersonen, Vater und Mutter, geheilt, d. h. ausgelöscht werden können. Dieser ungeheure Erlösungsakt, welcher dem gebundenen Menschen durch den im Auftrag Gottes handelnden Seelsorger vermittelt wird, ist faszinierend und anbetungswürdig; die Psychotherapie kann hier allenfalls Geburtshelferdienste leisten, indem sie Aufdeckungsarbeit leistet. Die Lösung durch den Wagnisschritt des Glaubens an das stellvertretende Erlösungsopfer Jesu kann sie jedoch nicht anbieten.

3.3.2.2 Der zweite Versöhnungsschritt bezieht sich auf die *Versöhnung mit mir selbst;* er entwickelt sich direkt aus dem Vergangenheitsaspekt der Versöhnung. Versöhnung mit mir selbst bedeutet, daß die guten und bösen Anteile meines Wesens, das autonome Erkenntnisvermögen, Gut und Böse zu unterscheiden, angenommen wird und die *Abwehrmanöver eingestellt* werden. Ich darf endlich begreifen, daß ich böse bin, daß dies zu meiner Natur gehört, denn ich darf ja erfahren, daß ich frei werden darf. An einem Bild soll es deutlich werden: Jeder Baum trägt gute und weniger gute Früchte, in jedem Ackerfeld gibt es neben dem Weizen auch das Unkraut. Diese in der gefallenen Schöpfung sich

* In Lukas 20, 38 spricht Jesus von dem Gott Abrahams, Isaaks und Jakobs als einem Gott der Lebendigen, bei dem es Tote offenbar nicht gibt. Sprich denn, so sagt der Text: Für ihn sind sie alle lebendig. Hierzu auch die wichtige Stelle Römer 14, 8 und 9: »Leben wir, so leben wir dem Herrn; sterben wir, so sterben wir dem Herrn. Darum, wir leben oder sterben, so sind wir des Herrn. Denn dazu ist Christus auch gestorben und auferstanden und wieder lebendig geworden, daß er über Tote und Lebendige Herr sei.

darstellende Spaltung in Gut und Böse muß ausgehalten, sie muß integriert werden. Auch das in meinem Leben wahrnehmbare Böse darf angenommen werden und darf schließlich in einem Wagnisschritt des Glaubens, in Schritten der Selbsthingabe und Selbstübergabe an Christus – geheilt werden. Diese Heilung bedeutet, daß die bösen und guten Anteile in mir Stück um Stück sterben und der Christus-in-mir, stärker zum Vorschein kommt. Dieses sehr schwierig darzustellende Geheimnis kann nur sehr vorsichtig und andeutungsweise wiedergegeben werden. Vielleicht kann das Paulus-Wort Römer 11, 17. 18 uns weiterhelfen, welches von dem Eingewurzelt-Werden, von dem Gegründet-Werden in Christus redet. Im Gleichnis vom Weinstock und den Reben wird deutlich, daß aus dem Lebenssaft des Weinstocks die Reben wie in einem Saft- und Blutstrom den Charakter des Weinstocks erhalten, Anteil haben am Leben des Weinstocks.
Dieser »Versöhnungsschritt mit mir selbst« *hat größte Bedeutung in der Ausformung und Ausgestaltung der Versöhnung mit meinem Unbewußten.* Anders ausgedrückt: Versöhnung mit meinem »Schatten«, wie es in tiefenpsychologischer Sprache der Schule von C. G. Jung auch heißen könnte. Im einzelnen heißt das, daß ich bereit und fähig werde, mich meiner Tiefe zu öffnen, denn dort in der Tiefe sitzen im eigentlichen die Wurzeln meiner Existenz, meine Träume, meine Phantasien, das Gefühlsleben, die intimen Geheimnisse meiner vergangenen und gegenwärtigen Existenz. Das alles ist ausgedrückt im Bild des Unbewußten. In diesem unbewußten Bereich meiner Seele bin ich gebunden, unfrei, während ich im bewußten Bereich meines Wollens, Denkens und Entscheidens frei sein kann. Dies meint auch die Unterscheidung in Johannes 8, welche von der Spannung zwischen Glauben und Freiheit redet. »Im Glauben« will ich Jesus dienen; im Innersten, Unbewußten, bin ich aber gebunden. »Das Gute, das ich will, tue ich nicht; das Böse, das ich nicht will, tue ich« (Röm. 7).
Hier sollen einige alttestamentliche und neutestamentliche Schriftstellen folgen, die das Unbewußte in biblischer Sprache andeuten, meist in der Sprachweise des Herzens oder wenn von dem Verborgenen des Herzens die Rede ist:
Alttestamentliche Schriftstellen: Psalm 5, 10; Psalm 19, 13; Psalm 90, 8; Psalm 139, 14. 15. 23; Sprüche 15, 11; Prediger 7, 24; 12, 14; Jeremia 17, 9 + 10; Daniel 2, 22.
Neutestamentliche Schriftstellen: Matthäus 10, 26; 15, 18. 19; 15, 10–20; 23, 25. 27; Lukas 2, 35; 6, 41. 45; 11, 40. 44; 12, 2. 3; Römer 8, 27; 1. Korinther 4, 5; 14, 25; Offenbarung 2, 18; Epheser 3.
Wenn Jesus sagt in Johannes 17, 17 + 19: »Ich heilige mich selbst

für sie, damit auch sie geheiligt seien in der Wahrheit«, dann bedeutet das doch, daß diese *»Heiligung in der Wahrheit«* für unser Verständnis aufgefaßt werden darf als eine tiefere Erkenntnis der Sünde, eine tiefergehende Selbsterkenntnis, also eine »Tiefenerkenntnis« bedeutet. Auf diesem Heilungs- und Heiligungsweg sollen unerkannte und unbekannte Tiefen der Sünde, des Menschseins, entdeckt, angenommen und in das Heilungserlebnis einbezogen werden, wobei die stellvertretende »Christusheiligung« uns vorangeht. Wer sich diesem vertieften Heilungserlebnis öffnen will, muß allerdings den Widerstand gegen die Tiefenerkenntnis: Ich bin gebunden, ich bin abgrundtief böse, meine Abrahamsgerechtigkeit hilft mir nicht, sie bindet mich eher an den Vater der Lüge – aufgeben und radikal verlassen. Die Freiheit Christi verbindet sich nicht mit unserer Gebundenheit, die Freiheit Christi will uns aber lösen von unserer Gebundenheit, indem sie uns frei macht in Stufen und Schritten zunehmender Freiheitserfahrung.

3.3.2.3 *Dritter Versöhnungsschritt: Versöhnung mit dem Nächsten*

Diese Versöhnungsstufe veranschaulicht sehr deutlich, daß sie eigentlich erst zur Geltung kommt, wenn die vorhergehenden Schritte »gelaufen sind«. Im Gleichnis vom barmherzigen Samariter, welches diese Versöhnungsstufe am deutlichsten widerspiegelt, zeigt sich, daß eine innere Handlungsfreiheit erreicht worden sein muß, welche es ermöglicht, die Not des andern nicht zu übersehen. Helfen wollen ja schließlich alle, aber wirkliches Helfen-Können setzt ein hohes Maß innerer Freiheit, innerer Selbständigkeit, innerer Ungebundenheit an eigene Bedürfnisse und Abhängigkeiten voraus. Dies zeigt der barmherzige Samariter, der nichts aufzuweisen hat als seine barmherzige Liebe; insbesondere nicht vorweisen kann eine starke Frömmigkeitstradition. Für den barmherzigen Samariter trifft zu die in Johannes 8 ausgesprochene Freiheit, und es zeigt sich, daß Christus allein diese Freiheit hat und Christus allein diese Freiheit schenken kann: *Der barmherzige Samariter ist Jesus Christus.*

Diese Freiheit zum Helfen-Können, welche ausdrückt die Versöhnung mit dem Nächsten, soll noch an einer anderen neutestamentlichen Schriftstelle verdeutlicht werden: In 2. Petrus 1 ist von sieben Schritten der Vollkommenheit die Rede, welche sehr klar die hohe Reihe dieser Versöhnungsfreiheit kennzeichnet: Die Verse 5–7 lauten: »Reichet dar in eurem Glauben Tugend, in der Tugend Erkenntnis, in der Erkenntnis Mäßigkeit, in der Mäßig-

keit Geduld, in der Geduld Gottseligkeit, in der Gottseligkeit brüderliche Liebe, in der brüderlichen Liebe allgemeine Liebe.« Diese sieben Vollkommenheitsschritte können nur bedeuten die Herausformung, die Ausgestaltung der Göttlichkeit Jesu Christi in dem einzelnen Menschen mit dem Ziel, in der Liebe vollkommen zu werden. Vollkommenheit heißt ja nie vollkommene Gerechtigkeit (mißverstanden: vollkommene Selbstgerechtigkeit), sondern immer »vollkommene Liebe«. Hier kann auch nicht ein perfektes Vollkommenheitsideal aufgestellt werden, welches in sich selbst in seiner Vollkommenheit ruht, sondern das Vollkommenheitsideal der völligen Liebe Christi bedeutet: Freiheit zum Dienst für den Nächsten, welches eine Freiheit ist, die wiederum zurückströmt auf den Dienenden. Alle Tugenden sind eingeordnet, zugeordnet und untergeordnet der dienenden Liebe. So sagt Jesus: »Der größte unter euch soll euer Diener sein.« Der größere Diener ist immer der mit der größeren Liebe, nie derjenige mit der größeren Vollkommenheit. Die vollkommene Freiheit ist immer die vollkommene Freiheit zur dienenden Liebe. Die sieben Schritte der Vollkommenheit sind also richtig verstanden und eingeordnet, wenn sie der vollkommenen Liebe zugeordnet bleiben und Ausdruck empfangener Gnade sind.
Abschließend möchte ich eine eigene Erfahrung mitteilen. Als wir, meine Frau und ich, morgens aufgestanden waren, hatten wir uns über einer wichtigen Begebenheit, die uns emotional erregte und unterschiedliche Meinungen ausgelöst hatte, sehr zerstritten. In der Regel betreffen Streitpunkte zwischen uns eine sehr tief verschiedene persönliche Prägung bei uns beiden. Meine Frau, von früher Jugend gewöhnt, peinlich genau und ordentlich zu sein, ärgert sich, wenn sie an mir Verhaltensweisen entdeckt, die sie an Schlamperei erinnern. Ich selbst ärgere mich über ihre zwanghafte Ordnungsliebe, die in meiner Deutung ein Stück unbewältigte Vergangenheit ausdrückt. So geschieht es immer wieder, daß wir uns an diesem Punkt erregen, verärgert sind und im stillen einen Machtkampf führen mit dem Ziel der Nacherziehung des einen am andern. Wieder einmal hatten wir uns mit Worten sehr verletzt, einen lauten Wortwechsel geführt mit dem Ergebnis, zur Sprachlosigkeit verdammt zu sein. Das ist ja in der Regel die Folge eines heftigen Streits, daß man nach affektiven Ausbrüchen und scharfen verletzenden Worten sich gekränkt und verletzt in die eigene narzißtische Ecke zurückzieht, sich selbst bemitleidet und bedauert und den Dialog abbricht. Dies war auch bei uns so. Noch beim darauffolgenden Frühstück saßen wir sprachlos und verärgert nebeneinander, kaum daß einer den andern eines Blickes wür-

digte, geschweige denn den Mut hatte, ein Wort der Versöhnung zu sagen. Gekränkt, verletzt, enttäuscht und resigniert hockten wir nebeneinander und aßen unser Frühstück. Beim Nachdenken darüber entdecke ich, daß dies der Tod ist, Tod insofern, als die Beziehung, welche Leben ermöglicht, Leben zwischen Menschen, abgebrochen war. Der wirkliche Tod der Menschen ist die Verurteilung zur Sprachlosigkeit, zum Schweigen, wo man nicht mehr miteinander reden kann. Gemäß unserer Gewohnheit, einer täglichen gemeinsamen stillen Zeit, ging ich an diesem Tag wie üblich in unser Wohnzimmer und wartete auf meine Frau. Ich war gespannt, ob sie kommen würde und hatte so im stillen die Befürchtung, daß sie diesmal ausbleiben könnte, obgleich wir in der Regel beide sehr an dieser gemeinsamen Zeit festhalten und sie außerordentlich lieben und schätzen gelernt haben. In diesem Sinne war ich andererseits doch auch wieder gewiß, daß Inge kommen würde. In der Tat kam sie, setzte sich neben mich. Ich legte den Arm um sie, und sie bat mich, die Losung zu lesen. Die Erregung begann zu weichen. Ich las: Psalm 73, 24 die Losung: »Du leitest mich nach deinem Rat und nimmst mich endlich auf in die Herrlichkeit.« Und der Lehrtext aus Apostelgeschichte 14, 22: »Wir müssen durch viel Trübsal in das Reich Gottes gehen.« Ein Vers von H. A. St.: »Gott muß man in allen Sachen, weil er alles wohl kann machen, End' und Anfang geben frei. Er wird, was er angefangen, lassen so ein End' erlangen, daß es wunderherrlich sei.«

Nach mehrmaligem Lesen dieser Zeilen war ich wieder einmal erstaunt und erfüllt, was Erlösung, Rettung aus dem Tod bedeutet: Schlagartig hatte sich die zwischen uns abgebrochene Beziehung wieder hergestellt. Im gemeinsamen Danken und Lobpreisen der Wahrheit dieser Worte, in der bewußten Öffnung der Vergebung und Versöhnung Gottes stellte sich die alte Glückseligkeit wieder her. Aus dem Tod der Beziehungslosigkeit war das Leben einer neuen versöhnten Beziehung gewachsen. Jesus war in die Mitte getreten, er hatte sich erneut in unsere Beziehung hineingeliebt. Er hatte uns versöhnt, das Böse in uns ausgelöscht, das Gute mächtig werden lassen. Erneut spürte ich die tiefe Wahrheit des biblischen Wortes: »Wo die Sünde mächtig geworden ist, ist die Gnade noch viel mächtiger geworden.«

Dieses Erlebnis hatte mir aufs neue gezeigt die Möglichkeit der Tiefenheilung, die Möglichkeit, daß der unbewußte Tod in uns, welcher das aus der Tiefe aufgebrochene Böse das Eingebundensein in den eigenen Narzißmus, in die eigene Rechthaberei und Besserwisserei – daß dieser Tod der Seele geheilt werden kann

durch neues Leben in neu gewachsener Beziehung. Dies meint Jesus mit dem Ausdruck: Glückselig sind, die aus dem Tod zum Leben erwachen, die es lernen, die Gegensätze von Gut und Böse zu überwinden. Die tiefste Überwindung dieses Gegensatzes ist ja, daß ich im andern sein Gutes und sein Böses annehmen kann, in einer Person wahrnehmen und versöhnen kann. Der versöhnte Mensch ist derjenige, der in sich das Gute und das Böse angenommen und in eine Beziehung zu Jesus Christus gebracht hat und über diese Beziehung auch die Beziehung zu Gott, dem Lebendigen, gefunden hat. Oder noch einmal anders formuliert: Wer die Beziehung zu dem lebendigen versöhnenden Gott gefunden hat, der entdeckt die Versöhnung zu dem Menschen, welcher gut und böse zugleich, doch gerufen ist aus dieser Realität des Guten und Bösen, welche eine Erkenntnis-Realität ist, herauszubrechen in die neue Beziehungsrealität hinein, in welcher Gut und Böse aufgehoben, überhöht, überwunden worden ist.
Hierauf ist im folgenden noch näher einzugehen, bevor der letzte Versöhnungsschritt besprochen werden soll.
Der dritte Versöhnungsschritt zeigt, daß die innere Voraussetzung zur dienenden Liebe das Geschenk einer neuen Gesinnung voraussetzt. Die Tat des barmherzigen Samariters kann nur derjenige tun, der die Gesinnung des barmherzigen Samariters verinnerlicht hat. Diese Gesinnung ist die Gesinnung Jesu Christi, die derjenige gnadenhaft empfängt, der unter die Macht der Versöhnung Gottes gekommen ist. Versöhnung mit Gott drückt aus die empfangene Vergebung. Versöhnung und Vergebung sind die Voraussetzung für Vertrauen. Wer vertraut, kann lieben, wer liebt, kann hoffen. Versöhnung mit meiner Vergangenheit, Versöhnung mit mir selbst, Versöhnung mit meinem Nächsten, mit meiner Zukunft sind machtvolle Ereignisse, die in das Leben Jesu Christi hineinführen; Ereignisse, die das Himmelreich mitten unter Menschen anbrechen läßt (siehe auch Kap. 4.4 und 4.5).
Corrie ten Boom beschreibt in einem ihrer Bücher sehr eindrucksvoll die göttliche Macht der Versöhnung, die neue Verhältnisse schafft, wenn sie in die Tiefe des Unbewußten, in das Herz des Menschen eindringt – zitiert in M. und D. Linn »Beschädigtes Leben heilen« –:
»Es war bei einem Gottesdienst in München. Ich sah ihn, den früheren SS-Mann, der an der Tür des Duschraumes Wache gestanden hatte, in der Todesbaracke in Ravensbrück. Er war der erste unserer Bewacher, den ich wiedersah. Plötzlich stand alles wieder vor mir: dieser ganze Raum voller grinsender Männer, die Kleiderhaufen – und Betsies schmerzensbleiches Gesicht. Er kam

auf mich zu, als die Kirche sich leerte, er strahlte und verbeugte sich: ›Wie dankbar ich für Ihre Botschaft bin‹, sagte er. ›Man stelle sich vor: ER hat, wie Sie sagen, meine Sünden hinweggenommen.‹ Er streckte mir die Hand hin. Und ich, die ich so oft der Gemeinde in Bloemendaal die Notwendigkeit der Vergebung gepredigt hatte, hielt meine Hand zurück. Aber gerade als wütende Rachegedanken in mir aufbrodelten, sah ich ihre Sündhaftigkeit: Jesus Christus war auch für diesen Menschen gestorben! Hatte ich da ein Recht, Bedingungen zu stellen? ›Herr Jesus‹, betete ich, ›vergib mir und hilf mir, ihm zu vergeben!‹ Ich versuchte zu lächeln, kämpfte darum, ihm die Hand zu geben, aber ich konnte nicht. Ich fühlte nichts, nicht den leisesten Funken Wärme oder Liebe. So betete ich noch einmal still: ›Jesus, ich kann ihm nicht vergeben. Gib mir deine Vergebung!‹ Als ich schließlich seine Hand annahm, geschah das ganz und gar Unglaubliche. Von der Schulter den Arm hinab durch die Hand schien ein Strom von mir zu ihm überzufließen, in meinem Herzen aber stieg eine solche Liebe für diesen Fremden auf, daß sie mich fast überwältigte. Und so entdeckte ich, daß die Heilung der Welt nicht von unserer Vergebung und Güte abhängt, sondern von IHM allein. Wenn ER uns gebietet, unsere Feinde zu lieben, dann gibt er mit diesem Gebot auch die Liebe dazu.«

3.3.3 *Jesu Lehren vom »Himmelreich«: Seelsorgerliche Konsequenzen für das neutestamentliche Gemeindeverständnis*

Während wir uns bisher mit dem Einbezug des einzelnen in die von Gott neu geschenkte Erlösungs-Realität beschäftigt haben, die *Versöhnung des einzelnen mit Gott aus der Geschöpflichkeit in die Kindschaft,* so soll jetzt andeutungsweise nach der *Bedeutung des Reiches Gottes,* nach der *Existenz des Reiches Gottes auf dieser Erde gefragt werden.* Viele Gleichnisse Jesu beschäftigen sich mit diesem schwierigen Thema. In Matthäus 13 werden mehrere Gleichnisse erwähnt, z. T. von Jesus selbst ausgelegt, die mit unterschiedlichen Akzenten das Thema der »neugeschenkten Beziehungs-Realität« für eine größere Gruppe, für die Gemeinde, für die Gesellschaft, zu erhellen versucht. Im folgenden geht es also um *Gemeinde-Seelsorge* oder auch um *Gemeinschafts- oder Gruppen-Seelsorge,* konkret um die Frage: Wie kann das dem einzelnen Menschen geschenkte Evangelium in eine Sozialgestalt einmünden? Es geht um die Kirche Gottes auf Erden. Hierbei gibt es neuartige Schwierigkeiten.

In Matthäus 13, 1-23, im »Gleichnis von dem vierfachen Ackerfeld«, wird deutlich, daß die gnadenhaft geschenkte Beziehungs-

Realität in Jesus Christus, im Gleichnis ausgedrückt durch die bildhafte Rede vom Hören des Wortes vom Reich (Vers 19), unterschiedlichen Reaktionen der Menschen begegnet. Es wird rasch gehört, sofort aufgenommen, kann aber nicht Wurzel fassen (Vers 20 u. 21); es wird gehört, aber von den Sorgen in vielfältigen und quälenden Beschäftigungen mit dieser Welt, verquickt mit den Problemen des Geldes, erstickt, so daß es keine Frucht bringt.
Im Gleichnis vom Unkraut unter dem Weizen (Matth. 13, 24–30) wird noch ein weiterer Aspekt hervorgehoben, der offenbar auch in dem Gleichnis vom Sauerteig (Verse 33–35) auftaucht: Es scheint, daß es zu einer Vermischung unterschiedlicher Qualitäten, guter und weniger guter bis hin zu bösen Erscheinungen im Reich kommt, wobei diese Erscheinungen jetzt zu verstehen sind als Reaktionsformen auf das gehörte Wort. Die einen bringen »viel Frucht«, andere bringen wenig Frucht, noch andere bringen keine Frucht, und noch andere bringen böse Frucht, Unkraut, hervor. Und das alles zusammen scheint undurchschaubar vermischt in einem Ganzen, welches die Gemeinde Gottes auf Erden darstellt. Hieraus ergeben sich für den Fortgang unseres Themas gewisse seelsorgerliche Konsequenzen!
3.3.3.1 Seelsorge als »Glaubenshilfe« gibt es nur an einzelnen. *Konkrete seelsorgerliche Beziehung gibt es nur an einzelnen, nie in der Masse, allenfalls noch in der überschaubaren Gruppe.* Während die Evangeliumsverkündigung den vielen gehört, müssen die Reaktionen des Gehörten in der Einzel- oder Gruppenbeziehung seelsorgerlich überprüft werden, um überschaubar zu bleiben. Das Ziel des Wortes Gottes ist Veränderung der einzelnen in der überschaubaren Gruppe der Gemeinde.
3.3.3.2 Es gibt nur die »reine Lehre«, aber nie die »reine Gemeinde«. Hierbei ist ein Grundsatz wichtig: »Hüte dich vor dem Ausjäten.« *Nicht nur die schwache Frucht darf nicht verworfen werden, sondern auch die »böse Frucht«, das Unkraut, soll wachsen dürfen.* Grundsätzlich gilt: Auch die »Gefäße des Zornes« (Paulus: Röm. 9, 21–22) haben ihren Platz in der Gemeinde und dürfen nicht eliminiert werden.
3.3.3.3 *Lerne den biblischen Umgang mit dem »Bösen«!* Hierbei ist zu beachten, daß der adjektivische Ausdruck »böse« verschieden benannt werden kann: einmal »das« Böse und zum andern Mal als »der« Böse. Dies bedeutet, daß wir unterscheiden müssen zwischen dem Ursprung des Bösen, dem Satan, dem Lügner von Anfang an, dem luziferischen Geist, dem Diabolus und der Wirkung oder Frucht des Bösen im Menschen.

3.3.3.4 Die Zerrissenheit des Leibes Christi und der göttliche Wille zur Einheit dieses Leibes stehen in deutlichem Gegensatz und führen zum »Leiden an der Kirche«. Der Seelsorger, der dieses Leiden nicht als eine schwere Last auf sich genommen hat, kann nicht wahrhaft Seelsorger sein.
Zusammenfassend scheint mir das Sorgen, im Sinne von Heilen, Pflegen, Dienen, Lieben entscheidend zu sein. In der Regel aber sollte ein Seelsorger nicht »scheiden« und »trennen«, d. h. verurteilen. Diese Aufgabe ist den von Gott hierfür berufenen Engeln (Matth. 13, 39) vorbehalten. Einzelne Ausnahmen bestätigen nur diese Regel!

3.4 **Die Wüstenwanderung des Volkes Israel – ein Gleichnis vertiefender Seelsorge**

Im folgenden Abschnitt sollen die wichtigsten, in Kapitel 3.2 und 3.3 genannten Gedanken noch einmal aufgenommen und um einige Aspekte erweitert werden. Die Geschichte Gottes mit dem auserwählten Volk Israel, der Beginn der Heilsgeschichte mit Abraham, Isaak und Jakob mündet ein in die Herausführung des Volkes Israel aus Ägypten. *Dieser Teilausschnitt der Heilsgeschichte des Volkes Israel hat auch Bedeutung für die Stellung der neutestamentlichen Gemeinde in dieser Welt,* auf die hier an einzelnen Stellen näher eingegangen werden soll.*
Es geht hierbei um *Reifungsstufen in der Glaubensnachfolge:* Auszug aus der Knechtschaft – Durchbruch durch das Rote Meer – Durchzug durch die Wüste – Durchbruch durch den Jordanfluß – Einzug in das verheißene Land!

3.4.1 *Die Berufung des Mose*

Eine Gottesschau des Mose leitet den Auszug ein. In Exodus 3, 7–9 wird die Offenbarung Gottes vor Mose geschildert. Der HERR spricht: »Ich habe das Elend meines Volkes in Ägypten gesehen und habe ihr Schreien über ihre Fronvögte gehört; ich

* Es mag kritischen Theologen vorbehalten bleiben, darüber zu diskutieren, ob die geschilderten alttestamentlichen Begebenheiten historischen Realitäten entsprechen oder nicht. – Die hier folgende anthropologisch-tiefenpsychologische Deutung berücksichtigt sowohl den Charakter des »Bildwortes« auf der Subjektstufe, als auch den des »Zeugniswortes« als eines historischen Ereignisses! Über »Bildwort« und »Zeugniswort« siehe auch Theologischer Exkurs 3.4.4).

kenne ihre Leiden. Deshalb bin ich herabgekommen, um sie aus der Hand der Ägypter zu befreien und aus diesem Lande hinauszuführen in ein schönes, weiträumiges Land, das von Milch und Honig überfließt . . . Weil das Notgeschrei der Israeliten zu mir gedrungen ist und ich ihre Bedrückung durch die Ägypter gesehen habe, so gehe jetzt hin; ich will dich zum Pharao senden. Er soll mein Volk, die Kinder Israel, aus Ägypten freigeben.« Die folgenden Kapitel des Buches Exodus schildern auf der einen Seite das Ringen Gottes mit Mose: Gott versucht, ihn zu überzeugen, daß er der beauftragte Führer seines Volkes sein soll und durch ihn der nahezu unmöglich scheinende Auszug des Volkes Israel aus Ägypten gelingen soll. Auf der anderen Seite wird in ungewöhnlich dramatischen Bildern die zunehmende Verhärtung des Pharao, des Herrschers der Ägypter, deutlich. *Diese beiden Gestalten, Mose und Pharao, verkörpern auf der »Subjektstufe« das Gute und das Böse im Menschen! Pharao, der Herr über Ägypten, dem Land der Knechtschaft für das Volk Israel bedeutet den Herrschaftsbereich der Sünde. Ihm steht gegenüber Mose, der zur Herausführung aus der Sklaverei in das verheißene Land, in die Glaubensnachfolge beauftragte und berufene Gottesknecht.* Dem Ereignis des Auszuges vorweggeordnet sind konflikthafte Zuspitzungen, eine ungewöhnliche Schärfe der Auseinandersetzung. Mose gewinnt mehr und mehr Kraft und Vertrauen in seinen Gott, der selbst sein Volk wegführen will; er gewinnt mehr und mehr Einfluß bei seinem Volk und wird gefürchtet bei seinem Gegner. Auf der andern Seite aber zeigt sich auch eine zunehmende Verhärtung und Verstockung des Pharao, eine »verschärfte« Zunahme der Feindschaft. Die in rascher Folge hereinbrechenden Plagen über das Volk der Ägypter zeigen dies.

3.4.2 *Der Auszug aus Ägypten: Die Anordnung des Passah*

Folgendes Ereignis leitet eine dramatische Wendung ein: In Exodus 11 wird Pharao vor dem letzten und entscheidenden Strafgericht gewarnt. Mose spricht im Namen Gottes: »Um Mitternacht werde ich, der Herr, mitten durch Ägypten hindurchgehen. Jeder Erstgeborene in Ägypten wird sterben; vom Erstgeborenen des Pharao bis zum Erstgeborenen der Sklaven, ja auch alle Erstgeburt der Tiere wird sterben. Ein großes Wehklagen wird im ganzen Land Ägypten anheben, damit ihr erkennt, *daß der Herr einen Unterschied macht zwischen Ägypten und Israel.«*
In Exodus 12 wird durch Mose das *Opfer des Passah-Lammes* zum Gedächtnis der Erlösung angeordnet: »Dieser Monat soll für euch der erste Monat sein, von ihm an sollt ihr die Monate des Jahres

zählen. Gebt dem ganzen Volk folgende Weisungen: Am zehnten Tag dieses Monats nehme ein jeder ein Lamm für seine Familie, ein Lamm für jede Hausgemeinschaft. Ein fehlerloses, männliches, einjähriges Lamm soll es sein. Die ganze Gemeinde Israel soll es um die Abendzeit schlachten. Darauf sollen sie etwas von dem Blut des Lammes nehmen und es an die beiden Türpfosten an die Oberschwelle streichen . . . Das Fleisch sollt ihr nicht roh, sondern nur am Feuer gebraten genießen . . . Nichts sollt ihr davon übriglassen . . . Den Rest sollt ihr verbrennen. Darauf gürtet eure Lenden, zieht Schuhe an und nehmt den Stab, so als wenn ihr gleich aufbrechen wolltet: *Es ist das Passah für den Herrn.* In dieser Nacht will ich durch Ägypten gehen und werde alle Erstgeborenen schlagen, vom Menschen bis zum Vieh. Ich werde an allen Göttern der Ägypter ein Strafgericht vollziehen, denn »Ich bin der Herr«. *Das Blut aber an euren Häusern, darin ihr euch befindet, soll für euch ein Schutzzeichen sein.* Wenn ich dieses Blut sehe, dann gehe ich an euch vorüber. So wird euch dieses Strafgericht nicht treffen, wenn ich das Land Ägypten schlage!« –
Als Mose dieses Gebot vom Herrn empfangen hatte, teilte er es dem ganzen Volk mit. Dieses verneigte sich tief, warf sich in Ehrfurcht auf die Erde nieder. Die Kinder Israels gingen dann hin und taten so, wie der Herr dem Mose und Aaron geboten hatte.

3.4.3 *Der Durchbruch durch das Rote Meer*

In Exodus 14 wird der Durchbruch durch das Rote Meer geschildert. Die Israeliten gingen mitten durch das trockene Meer hindurch, welches sich gespalten hatte durch den ausgereckten Stab des Mose und kein Wasser sie berühren konnte. Kapitel 14, 22: So gingen die Kinder Israel mitten durch das Meer trocken hindurch, während die Wasser ihnen wie eine Wand zur Rechten und zur Linken standen. Die Ägypter stürzten hinter ihnen her und jagten ihnen nach, all die Rosse des Pharao, seine Wagen und seine Reiter. Vers 26: Da sprach der Herr zu Mose: »Strecke deine Hand über das Meer aus, damit die Wasser sich über die Ägypter ergießen und über ihre Streitwagen und alle ihre Reiter!« Da flutete bei Tagesanbruch das Meer in sein altes Bett zurück, bedeckte Wagen und Reiter der ganzen Heeresmacht des Pharao, nicht einer von ihnen blieb am Leben. So rettete der Herr die Israeliten an diesem Tage aus der Hand der Ägypter.
In Exodus 15 folgt *das Lied der Erlösten:* Vers 1 + 2: »Ich will dem Herren singen, denn er hat eine herrliche Tat getan, Roß und Mann hat er ins Meer gestürzt. Der Herr ist meine Stärke und

mein Lobgesang und ist mein Heil. Das ist mein Gott, ich will ihn preisen; er ist meines Vaters Gott, ich will ihn erheben.«
Zusammenfassend zeigt die Anordnung des Passah und der Befehl, Türpfosten und Schwellen der Türen mit dem Blut eines Lammes zu bestreichen – welches das Zeichen sein wird für den Würgeengel vorüberzugehen – eine *Scheidewand zwischen Leben und Tod.* Während die Erstgeburt in jedem Haus der Ägypter stirbt, bleibt diese in den Häusern der Israeliten am Leben: Das Zeichen des Blutes hatte sie verschont. Dieses Ereignis bewirkt letztlich den Zusammenbruch des pharaonischen Widerstandes: Das Volk kann ausziehen, es ist der Sklaverei entronnen.
Der Durchbruch durch das Rote Meer zeigt eine *weitere Scheidung:* Das Volk Israel gelangt ungehindert, gleichsam unbeschadet durch das Meer hindurch ans andere Ufer, während die Streitmacht der Ägypter in den Wasserfluten ertrinkt.
Beide Bilder, das Blut des Lammes (Passah) und das Wasser des Meeres, sind von entscheidender neutestamentlicher Bedeutung: Sie sind prophetische Vorwegnahme des Opfertodes Jesu Christi.
Das Blut Jesu Christi scheidet den Sünder vom Gericht über die Sünde, es hebt den Urteilsspruch, gleichsam das Todesurteil auf; es schafft stellvertretende Sühnung, die Voraussetzung zum Leben aus Glauben.
Das zweite Zeichen, das Wasser des Meeres, in welchem die Ägypter umkommen, hat zwei Bedeutungen: Einmal bedeutet es den Tod des Bösen, den Tod der bösen Macht (Ägypten), welche in die Knechtschaft der Sünde gezwungen hatte. Zum anderen aber ist es ein Lebenszeichen für das Volk Israel, ein Hinweis auf die Taufe. Die Wassertaufe ist eine Umkehrtaufe zur Buße: heraus aus Ägypten, aus dem Land der Knechtschaft, hinein in das neue Wagnisland des Glaubens. Neutestamentlich wird Umkehr, Buße auch der Reinigungskraft des Wortes zugeschrieben: »Ihr seid gereinigt durch das Wasserbad im Wort« (Eph. 5, 26). »Dieser ist's, der da gekommen ist mit Wasser und Blut, Jesus Christus; nicht mit Wasser allein, sondern mit Wasser und Blut; und der Geist ist's, der da Zeugnis gibt, denn der Geist ist die Wahrheit. Denn drei sind, die da Zeugnis geben: der Geist und das Wasser und das Blut; und die drei sind eins« (1. Joh. 5, 6–8). Diese Umkehrtaufe, Wassertaufe oder Reinigungstaufe gelingt nur, weil gleichzeitig der Tod des Bösen miterfolgt ist. Dieser Tod ist vorgeschattet und in prophetischer Schau vorweggenommen: Er weist hin auf den Tod Jesu Christi. Der Tod Jesu Christi bedeutet den Tod der Sünde, die Auslöschung der Sünde (siehe auch theol. Exkurs IV.). Folgende Schriftstellen mögen dies

erläutern: 2. Korinther 5, 21: »Denn er hat den, der von keiner Sünde wußte, für uns zur Sünde gemacht, auf daß wir würden in ihm die Gerechtigkeit, die vor Gott gilt.« Römer 6, 4–11: »So sind wir ja mit ihm begraben durch die Taufe in den Tod, auf daß, gleichwie Christus ist auferweckt von den Toten durch die Herrlichkeit des Vaters, also sollen auch wir in einem neuen Leben wandeln. So wir aber samt ihm gepflanzt werden zu gleichem Tode, so werden wir auch seiner Auferstehung gleich sein, dieweil wir wissen, daß unser alter Mensch samt ihm gekreuzigt ist, damit der sündliche Leib aufhöre, daß wir hinfort der Sünde nicht dienen. Denn wer gestorben ist, der ist gerechtfertigt von der Sünde. Sind wir aber mit Christo gestorben, so glauben wir auch, daß wir mit ihm leben werden, und wissen, daß Christus von den Toten erweckt, hinfort nicht stirbt; der Tod wird hinfort über ihn nicht herrschen. Denn was er gestorben ist, das ist er der Sünde gestorben zu einem Mal, was er aber lebt, das lebt er Gott. Also auch ihr, haltet euch dafür, daß ihr der Sünde gestorben seid und lebet Gott in Christo Jesu, unserm Herrn.« Der Tod Jesu Christi bedeutet also den Tod der Sünde, aber das Leben des Sünders mit dem Ziel, daß die Sünde stirbt, der Sünder aber zum Leben kommt, zum Leben mit Christus im Glauben.

3.4.4 *Theologischer Exkurs V: Über prophetisches »Bildwort« und »Zeugniswort«*

An dieser Stelle der Deutungsaussage ist eine Zwischenbemerkung erforderlich. Wenn die entscheidenden neutestamentlichen Erlösungsaussagen gedeutet werden auf der Basis alttestamentlicher Schriftaussagen, ist herauszustellen, daß es ein Charakteristikum alttestamentlicher Schriftaussagen ist, in vielfältigen entscheidenden Bildaussagen hinzuweisen auf Leben, Werk und Opfer Jesu Christi. *Ein Hauptinteresse des alttestamentlichen Gotteswortes ist die prophetische Vorwegnahme des einzigeinen überragenden Christusereignisses.* Die Prophetie des alten Bundes weist entscheidend hin auf Jesus Christus.*
Aber noch ein weiterer Aspekt soll hier verdeutlicht werden: der charakteristische Unterschied von Bildwort und Zeugniswort. *Bildworte* im Zusammenhang des Alten und Neuen Testaments drücken allgemeine, ewig gültige Wahrheiten über Gott, den Menschen, das Böse in ihm und seine Erlösungsbedürftigkeit aus.

* Ein Höhepunkt der Christusprophetie des alten Bundes ist die Erscheinung des Priesterkönigs Melchisedek, des Königs von Salem, der den Abram segnet (Gen. 14, 18–20).

Sie sollen Grundgesetze des erlösungsbedürftigen Menschen verdeutlichen. Bildworte sollen erfühlt, erfaßt, seelisch ergriffen, gesehen und in diesem Sinne gehört werden. Jesus beendet in der Regel seine Gleichnisreden mit den bekannten Sätzen: »Wer Ohren hat zu hören, der höre, wer Augen hat zu sehen, der sehe«, zu ergänzen: Wer fühlen kann, der fühle; wer ein Herz hat, der beherzige! In diesem Sinne will er sagen: Wer verstehen kann, der verstehe (siehe auch Hes. 3, 27). Es scheint, daß *Bildworte vorzugsweise die Gottesbegegnungen mit dem Unbewußten des Menschen, mit den Tiefenschichten seiner Seele einleiten.* Das Bildwort soll in Unruhe versetzen, soll das Innere der Seele aufbrechen, wachmachen, in Bewegung bringen – auf Gott hin das Innere öffnen, ausrichten. Es soll öffnen für das Neue, das Unbekannte, das Göttliche, für das Wagnis des Glaubens. Es will den frommen oder unfrommen »Status quo« in Frage stellen.

Die bisher genannten Bildworttexte vom »Lebensbaum«, vom »Paradies«, vom Erkenntnisbaum des Guten und Bösen sowie die Gleichnisreden Jesu vom Himmelreich sind in diesem Sinne zu verstehen; ebenso die Bildworte »Blut«, »Kreuz«, »Wasser«.

Zur Veranschaulichung des Gesagten ein Bildwort in Johannes 1, 4–5: »In ihm, Jesus, war das Leben, und das Leben war das Licht der Menschen. Und das Licht leuchtet in der Finsternis, und die Finsternis hat es nicht erfaßt!« In diesem Bildwort bedeutet Christus das Leben, er ist der Lebensbaum, er konfrontiert mit der Finsternis. Dieses Wort konfrontiert mit der ungeheuren Wahrheit: Der Mensch ohne Gott ist Finsternis, die Tiefe des Menschen ist Finsternis, sein Unbewußtes ist Finsternis, sein Herz ist Finsternis. Ohne Christus und die Glaubensverbindung zu ihm ist der Mensch tot. Finsternis: Das ist der leibliche Lebensausdruck des Menschen jenseits des Paradieses: in Scham, Schuld und Angst verhaftet und gebunden, unfähig zum Tun des Guten, zwar fähig zur Erkenntnis des Guten und Bösen. Dieses Bildwort weist auch hin auf die Konfrontation, auf den Kampf zwischen Licht und Finsternis, auf die Abwehrkraft der Finsternis, welche das Licht abwehrt. Diese Konfrontation ist eine Konfrontation im Inneren des Menschen, im Innersten seiner Seele, im Grunde ein Kampf seines gespaltenen Menschseins. Bei dem »frommen Menschen« ist es der Kampf zwischen »Fleisch« und »Geist«.

Diese ungeheuren, den Menschen in Frage stellenden Wahrheiten sind nur im Bildwort darstellbar. Als Zeugniswort würden sie eher die Konfrontation mit der Wahrheit unmöglich machen, sie würden die Abwehr verschärfen. *Im Bildwort geht es aber um die*

Veränderung der Abwehr, um die Gewinnung der unbewußten Abwehr, um die Öffnung der innersten Verschlossenheit.
Ist diese Verschlossenheit im Innersten geöffnet, dann erscheint das Zeugniswort.
Zeugnisworte sollen konkret, begrifflich präziser und unmißverständlich in die persönliche geöffnete Situation eines einzelnen, einer Gruppe von Menschen hineingesprochen werden. Das Zeugniswort enthüllt den klaren Willen Gottes, eine Botschaft, einen Ruf, den nur der einzelne in ganzer Klarheit wahrnehmen kann; etwa: »Dein Glaube hat dir geholfen« oder »Gehe hin in Frieden« oder »Dein Gebet ist erhört« u. a.
Das Zeugniswort wendet sich ganz konkret an den Willen des Menschen, es richtet sich an seinen Verstand, an seine Verantwortlichkeit, insbesondere auch an den Gehorsam zur Umkehr.
Zusammenfassend kann vielleicht gesagt werden: Wenn die unbewußte Tiefe durch geeignete Bildworte aufgebrochen ist, kann das Zeugniswort aufrufen und weiterführen.

3.4.5 *Der Durchzug durch die Wüste*

Wir halten fest: Die alttestamentlichen Schriftaussagen schildern nicht nur historische Ereignisse, sondern sollen auch unter dem Aspekt der Prophetie auf Christus hin verstanden werden. Sie gewinnen dann Bedeutung und Wegweisung für die neutestamentliche Seelsorge.
Durch die genannte Rettungstat ist das Leben des Volkes Israel neu Realität geworden. Ohne dieses Wunder der Bewahrung im Meer wäre es zugrundegegangen. Neutestamentlich: Der Sünder darf leben, Christus hat stellvertretend für ihn das Sühneopfer des Todes vollbracht. Er hat das Böse des Sünders und die Sünde mit in seinen Tod hineingenommen (im Bild: Die Ägypter sind gestorben, die Israeliten sind am Leben geblieben). Das Entscheidende jetzt: Der Lobpreis folgt, welcher in immer neuen Wendungen das gleiche betont: *»Der Herr ist meine Stärke und mein Lobgesang, er ist mein Gott, ich will ihn preisen« (Exod. 15).* Dieser Lobpreis ist gleichsam die *Vergewisserung* des Unglaublichen, des möglich gewordenen Unmöglichen, die faszinierende Wahrnehmung dieses Volkes: Der unsichtbare Gott ist in unserer Mitte lebendig und handelt durch Wunder! Neutestamentlich bedeutet dieser Lobpreis den Dank für die gewonnene Umkehr und Wiedergeburt des Gläubigen. Nach Epheser 2, 5 und 4, 18 ist dies eine buchstäbliche Totenerweckung: Da wir tot waren in den Sünden, hat er uns samt Christo lebendig gemacht; die Verfinsterung des Verstandes, die Entfremdung des Lebens aus

Gott durch Unwissenheit, die Blindheit des Herzens ist aufgehoben.
Es scheint aber, daß *diese Anfangserfahrung der faszinierenden Rettung Gottes* (aus dem Bösen, aus der Knechtschaft Ägyptens, aus der Sklaverei der Sünde); *daß diese Anfangserfahrung leicht erlischt, darum immer neu erprobt und zur Vertiefung gebracht werden soll.* Dies ist der Sinn des nachfolgenden Wüstenwanderweges. Es scheint einer geheimen göttlichen Weisheit zu entsprechen, daß der Mensch seinen neugewonnenen Glauben als neugewonnene Freiheit erst richtig kennenlernen und bereit werden muß, ihn als Glaubensweg zu beschreiten und zu vertiefen. Dies entdeckt er, wenn alle äußeren Sicherheiten und Annehmlichkeiten wegfallen.
Zum Erschrecken des Volkes gelangen sie in verschiedene Wüstensituationen (Wüste Sur, Exod. 15, 22; Wüste Sin, Exod. 16, 1). Wir sehen bereits in den nächsten Versen (Kap. 15, 22 und Kap. 16 und 17), daß das Volk nicht gelernt hat, seinem Gott Jahwe ganz zu vertrauen. *Im Grunde ihres Herzens sind sie doch noch nicht erlöst, sondern Sklaven geblieben;* zwar nicht mehr Sklaven der Sünde, jedoch Sklaven ihres Mißtrauens, ihrer Nichtbereitschaft, sich auf den lebendigen Gott auch in Krisen und Notzeiten einzulassen. Die Wüste des Alltags konfrontiert mit Härten: Es ist kein Wasser da oder nur bitteres Wasser, Mara, welches den Durst doch nicht löscht (Exod. 15, 22–26). Das Volk murrt gegen Gott, es begehrt auf, und Mose schreit zu Gott und gibt ihnen schließlich wieder Wasser. Endlich finden sich auf der Weiterreise zwölf Wasserbrunnen und 70 Palmbäume zu Elim; das Volk kann aufatmen und eine Zeitlang ausruhen (Exod. 15, 27). Hier folgt ein eigentümlicher Einschub. Gott gibt ihnen durch Mose ein »Gesetz« und ein »Recht« als Zeichen einer Prüfung. »Wenn du der Stimme des Herrn, deines Gottes, gehorchen und tun wirst, was recht ist vor ihm und zu Ohren fassen seine Gebote und halten alle seine Gesetze, so will ich der Krankheiten keine auf dich legen, die ich auf Ägypten gelegt habe; denn ich bin der Herr, dein Arzt.« Diese Verheißung, gegeben mitten in der Wüste, sollte dem Volk eine Richtschnur sein für weiteres Verhalten, eine Verheißung als Vorbereitung auf Christus hin, denn das Gesetz ist ja nicht gegeben als Weg zum Leben (erst Christus ist der Weg zum Leben), sondern gegeben als ein Hinweis, eine Prophetie auf dieses Ziel hin. Dieses Mittel erfüllte das Gesetz als ein Zeichen der Nähe und Heiligkeit Gottes. Im folgenden lesen wir von Hungerzeiten und immer neuen Prüfungen, von der Gabe des »Man-hu«, von welchem Israel 40 Jahre lang in der Wüste aß.

Dieses Man-hu oder »Manna« ist ein Bildwort für *Brot, welches Christus ist in seiner Erniedrigung.* – Und schließlich empfängt das Volk *Wasser aus dem Felsen,* welches Mose herausschlägt – ein Bild für das lebendige Wasser; den Geist, den Christus gibt: »Wer von dem Wasser trinkt, das ich ihm geben werde, den wird in Ewigkeit nicht dürsten!« . . . Endlich wird das Volk zubereitet zum Empfang der heiligen Gesetze, der zehn Gebote, der besonderen Verheißung, eine Vorwegnahme für die »Geistausgießung« an Pfingsten! Exodus 19, 5–6: »Wenn ihr nun auf meine Stimme hören und meinen Bund halten werdet, dann sollt ihr unter all den Völkern mein besonderes Eigentumsvolk sein; denn mir gehört die ganze Erde. Ihr sollt sein ein Königreich von Priestern und ein heiliges Volk.« Nach anfänglichen Schwüren des Volkes (Exod. 19, 8; 24, 7; »Alles, was der Herr gesagt hat, wollen wir tun!«) kommen immer wieder neue Niederlagen bis hin zur Anbetung eines in Gold gegossenen Kalbes (Exod. 32).
Das *Ziel dieses Vertiefungs- und Reinigungsprozesses* in der Wüstenwanderung, wiederholte Niederlagen, wiederholte Eingriffe Gottes in wunderbaren Errettungen aus Hunger und Durst – das Ziel ist die göttliche Absicht für sein Volk, daß es endlich die Sklavengewohnheiten, die es sich in Ägypten angeeignet hatte, ablegt und anfängt, ein mündiges Volk zu werden, ein Volk von Königen und Priestern; ein Volk, welches seinem Gott vertraut, auch dann, wenn es kritisch wird. Zu beachten ist in diesem Läuterungsprozeß die Dialogrede Jesu in Johannes 8 (siehe Kap. 3.3.1). Folgende Lernziele sollten wahrgenommen werden: Nur der freie Mensch kann vertrauen, das Wagnis des Glaubens eingehen bis zum Äußersten, nur der freie Mensch wagt das Äußerste für sein Höchstes. Der freie Mensch, in Anfechtung und Krisenzeiten bewährt, wagt und gewinnt immer neu den Lobpreis ohne Murren; den Lobpreis, welcher Unzufriedenheit und Lustlosigkeit, die bittere Stimmung, die Enttäuschung verläßt und den Blick auf Gott festhält: Er ist mein Retter! Ja, mitten in der Wüstenglut ist er mein Retter, und die Nähe dieses grandiosen Gottes wird um so deutlicher verspürt, je unbedingter der Freiheitswille an dem Weg Gottes festhält. Die immer neue Befreiung aus Unfreiheit, die immer neue Erfahrung der Gnade, die Gewinnung neuer Kraft aus Schwäche, neuen Lebens aus der Verzweiflung: Diese neuen Gnadengeschenke Gottes wollen sich dem mitteilen, der zunehmend reif geworden ist für das vertrauende und hoffende Leben. Dieser Mensch ist der mit Christus gestorbene, mit Christus auferstandene Mensch, in Christus geschaffen zu neuem Leben, für seine Siege, für seine Liebe.

An dieser Stelle ist darauf hinzuweisen, daß Krisensituationen des Lebens durchaus vergleichbar sind mit den hier genannten Wüstensituationen. Die Erfahrungen eigener Angst, eigener Unsicherheit im Leben, Unausgeglichenheit und Schuld; die immer neue Konfrontation mit Scham-, Schuld- und Angstgefühlen drücken eine eigenartige »Halberlösung« aus, die auch immer wieder dem Leben des Glaubens Mühe machen. Auch die psychische Störung, die Krankheit, das depressive Leiden kann bildhaft aufgefaßt werden als eine Wüstensituation, als eine besondere Krisensituation in der Wüste, in der sich immer neu zeigen muß, ob das in dieser Prüfung aufsteigende Mißtrauen angemessen überwunden wird oder zum Versagen führt! Die durch das Mißtrauen aufsteigende Frage: Ist Gott wirklich bei uns? Ist er wirklich unser helfender Gott, oder müssen wir in der Wüste jämmerlich zugrundegehen? – das ist die Grundfrage in der Wüste, die Grundfrage des verzweifelten, oft auch depressiven Menschen, bei dem der Lobpreis verstummt, das aufsteigende Urmißtrauen den letzten Glaubensrest zum Verschwinden bringt, das Vertrauen dahinschmilzt und sich zeigen muß in dieser Tiefe. Kann das wachgewordene Mißtrauen, die Existenzangst, die von Verlassenheitsgefühlen gepeinigte Zweifelsfrage: Ist er wirklich unser Gott? – kann dieses alles angemessen überwunden werden? Kann aus dieser Tiefe aufsteigen neuer Lobpreis, neuer Dank? Ja, kann die Konfrontation mit dem Unbewußten meiner Wüste, mit den tief in uns verborgenen Abwehrimpulsen gegen Gott – kann diese Konfrontation zu einer neuen Lebensübergabe an den lebendigen Gott führen oder nicht? Denn: Das ist die geheime Bedeutung des Wüstenwanderweges: Daß in neutestamentlicher Sprache, auf der Subjektstufe damit gemeint ist die Konfrontation mit der Wüstensituation meines Unbewußten. Oder wie die Schrift sagt: Aus dem Herzen, aus der Tiefe kommen böse Gedanken . . . welche in der Wüste herausgereizt werden. So erfahren wir aus Einfällen und Träumen unserer Kranken, daß aus der Wüste des Unbewußten heraus hochsteigen: das Urmißtrauen, tiefe Scham-, Schuld- und Angstgefühle als Zeichen dieses Urmißtrauens gegen den Gott, der doch ihr Vater sein will!
Hier muß sich nun zeigen, ob Gott uns in dieser Verfassung neu beschenken kann. Kann der aus der Wüste heraus-, durch die Wüste hindurchgegangene Mensch zu neuen Gottesbegegnungen, zu vertieften Glaubenserfahrungen kommen oder nicht? Hier muß sich zeigen ein eigentümliches geistliches Gesetz: Daß durch das Leiden des sichtbaren Menschen der unsichtbare Mensch erneuert werden soll und aus der Erneuerung des »unsichtbaren«

Menschen der »sichtbare« Mensch zur Heilung kommen soll (2. Kor. 4, 16–18). Der neu in das Urvertrauen zu Gott hineinbeschenkte Mensch muß zuvor sein Urmißtrauen gespürt, in der Wüste angenommen und dadurch überwunden haben, daß er es neu und vertieft mit Jesus Christus ans Kreuz gebracht hat. Die Auslöschungskraft des Kreuzes muß erneut in die Auferstehungskraft des Auferstandenen übergehen: Beide Kraftströme, welche ja auch die Anfangserfahrung der Wiedergeburt (im Bild: das Passah und Durchbruch durch das Rote Meer) gekennzeichnet haben, müssen immer wieder neu belebt werden. So entsteht die vertiefte Beziehungsrealität.

»In der Wüste lernt der Mensch ein Dreifaches.

1. Die Wüste nimmt alle Sicherheiten (Exod. 16, 1–3);
2. Gott will uns neu beschenken (Exod. 16, 4–16);
3. Die Gaben Gottes sollen und dürfen nicht als Besitz festgehalten werden (Exod. 16, 17–21).« (Zitat aus einem Aufsatz der Zeitschrift »Erneuerungen Kirche und Gesellschaft« 8/80.)

Diese drei Grundrealitäten sind existentielle Realitäten auf dem Glaubens-Wüstenwanderweg. Die hierbei errungenen Siege führen zu echter Freiheit. Es erweist sich: Die Armut ist die Wurzel des Vertrauens. Glückselig sind die Armen, denn ihnen gehört das Reich. Das Reich Gottes fängt ganz neu an, ein neues göttliches Lebensgesetz zu werden: Denn durch Armut wird Reichtum möglich, Reichtum in Gott.

Der so in der Wüste arm und zugleich reich gemachte Gläubige wird allmählich zubereitet für den neuen *Durchbruch durch den Jordan.* Jedoch ist festzuhalten: In diesem Lernprozeß der Wüste scheitern viele! Dieses Geheimnis des Lernzieles in der Wüste, aus Armut wächst Vertrauen, aus Vertrauen wächst Reichtum, ist kein Weg für die Masse. Das Volk, ohne Dach über dem Kopf, immer wieder kein Brot, kein Fleisch, keine Sicherheit, kein Wasser – in dieser Vertrauensprüfung kann man scheitern, entweder durch immer neues Hinken-auf-beiden-Seiten oder durch den Abfall vom Glauben in den Unglauben, in die fleischliche Sicherheit Ägyptens zurück.

In Numeri 13ff. wird dieses Scheitern der Vielen sehr dramatisch geschildert: Als die im Auftrag Gottes, von Mose ausgesandten Kundschafter, die das verheißene Land Kanaan erkunden sollten, zurückkehren und berichten, wie sie das Land gesehen hatten, in dem Milch und Honig fließt (Numeri 13, 27), aber auch berichten, daß starkes Volk darin wohnt, sehr große und feste Städte sind und »wir darin auch sahen Enakskinder und viele Völker« (Vers 28, 29), entstehen zwei gespaltene Meinungen: Der größere Teil

der Kundschafter ist der Meinung: Wir vermögen nicht hinaufzuziehen gegen dieses Volk. Sie sind uns zu stark (Vers 31); der kleinere Teil der Kundschafter, Josua und Kaleb jedoch, versuchten es zu beruhigen und sprachen: »Laßt uns hinaufziehen und das Land einnehmen, denn wir können es überwältigen« (Vers 30), und sie fahren fort: »Das Land, das wir durchzogen haben, ist sehr gut. Wenn der Herr uns gnädig ist, so wird er uns in das Land bringen und es uns geben, ein Land, darin Milch und Honig fließt, denn der Schutz ihrer Götter ist von ihnen gewichen« (Numeri 14, 8–9). »Der Herr aber ist mit uns, darum fürchtet euch nicht vor ihnen, fallet nur nicht ab vom Herrn und fürchtet dieses Volk in diesem Land nicht« (Vers 9)!
Da sprach das ganze Volk, man möge sie steinigen! Da erschien die Herrlichkeit des Herrn in der Hütte des Stifts allen Kindern Israel (Numeri 14, 10).
Im folgenden (Kap. 14, 11–19) wird das stellvertretende Fürbitten Mose in ergreifender Weise geschildert, der Gott zu beschwichtigen versucht, er möge doch dieses halsstarrige Volk nicht mit Pestilenz schlagen, nicht vertilgen, sondern ihm barmherzig und gnädig sein! Die Folge war, daß eine 40jährige Wüstenwanderzeit folgte, in der alle Männer starben, die in dieser Weise empörenden Unglauben gezeigt hatten. Außer Josua und Kaleb kam niemand der Lebenden in das verheißene Land.
So muß sich als Lernziel zeigen, daß die von Gott geschenkte Rettung und Glaubenshilfe immer neu, immer schöpferisch, immer frisch sein möchte: Tag für Tag sollte der Mensch die Gaben Gottes erfahren, in Dankbarkeit annehmen, sie aber nicht wie einen Besitz festhalten. Die Rettungstat des Roten Meeres, die Anfangserfahrung der Wiedergeburt genügt nicht für alle Zeiten. Wer dieses wie einen Raub festhalten will, muß erleben, daß die Gaben Gottes ungenießbar werden. Das frisch empfangene Manna kann schon in den folgenden Tagen giftig sein, denn es wuchsen Würmer darin, und es ward stinkend (Exod. 16, 20). So auch kann der Glaube mancher Leute, wenn er alt geworden ist, wie abgestandenes Wasser für andere abstoßend, ekelerregend, abweisend sein, ja vergiftend und tötend wirken. Nur der frische, immer neu empfangene Glaubensweg als Glaubenserfahrung, als Durchhilfe – ist wohlriechend, verbreitet Atmosphäre, eine Atmosphäre der Freude und des Friedens. Er bewirkt Kraft. Dieser Durchschritt oder Durchstieg von der Anfangserfahrung zur Vertiefungserfahrung des Glaubens ist nur möglich, wenn immer wieder neu aus *Glaubenskrisen vertiefte Glaubenserfahrungen aufbrechen, indem mehr und mehr auch unerkannte und*

unbekannte Tiefen der Persönlichkeit, die Herzenstiefen entdeckt, in ihrem Urmißtrauen angenommen, aufgenommen und in das Heilungserlebnis eines neu gewonnenen Urvertrauens einbezogen werden.
Die neutestamentliche Frage lautet also: Wie gehe ich mit meiner Glaubenskrise, wie gehe ich mit meiner Wüstensituation um?

3.4.6 *Der Durchbruch durch den Jordan*
Das Entscheidende dieses Durchbruchs (geschildert in Jos. 3) ist die Vorbereitungszeit in der Wüste. Bei Vergleich der Berichte »Durchzug durch das Rote Meer« (Exod. 14) und Josua 3 fallen einige charakteristische Unterschiede auf:
3.4.6.1 Die Gesamtatmosphäre der Ereignisse ist im zweiten Fall ruhiger, geordneter; die Ereignisse erfolgen genau nach Plan. Während der Sturm geordneter Gewalt den ersten Durchzug durch das Rote Meer bestimmt, während im einen Fall die Ägypter jämmerlich umkommen und die Wogen des Meeres über ihnen zusammenbrausen, kennzeichnet den Jordan-Durchzug die Atmosphäre der Stille durch die Gegenwart der Bundeslade, die in der Mitte des Volkes heilig gehalten, die geheimnisvolle Anwesenheit Gottes im Volk ausdrückt. *Gott ist gleichsam in der Lade mitten unter ihnen* (Jos. 3, 10). Dieser unter ihnen lebende Gott wird vor ihnen herziehen und austreiben . . . Denn die Lade des Bundes wird vor euch hergehen in den Jordan.
3.4.6.2 Im folgenden zeigt sich ein weiterer charakteristischer Unterschied: Während nach dem Durchzug durch das Rote Meer und Verklingen des Siegesliedes sehr schnell durch Wüstenereignisse provoziert der Widerspruch und das Aufbegehren des Volkes spürbar werden, offenbart im zweiten Bericht Josua 5, 13 ein göttlicher Heerführer, in Gestalt eines starken Engels mit bloßem Schwert eine neue Geistrealität! Er gibt auf die Frage des Josua eine klare Antwort: »Ich bin ein Fürst über das Heer des Herrn und bin jetzt gekommen« (Vers 14). Dieser Engelfürst, der durch seine Gegenwart im Volk wirkt, ist der entscheidende Unterschied zu dem ersten wunderbaren Durchbruch durch das Rote Meer!
Der Durchbruch durch den Jordan kennzeichnet also wie durch ein neues Wunder die Gegenwart Gottes in seinem Volk. Diese Gegenwart ist offenbar eine andere als zu Beginn der Wüstenwanderung nach dem Durchbruch durch das Rote Meer!
3.4.6.3 Ein neutestamentliches Schlüsselwort soll uns zum Verständnis helfen! In Johannes 14, 21. 23 sagt Jesus: »Wer meine Gebote hat und sie hält, der ist es, der mich liebt; wer mich aber

liebt, wird von meinem Vater geliebt werden, und wir werden zu ihm kommen und Wohnung bei ihm nehmen.« Diese Wohnungnahme Gottes und Christi im Menschen wird abhängig gemacht von dem Halten der Gebote, von dem Glaubensgehorsam. Es scheint also, daß das Volk Israel, welches den Jordanfluß überschreitet, allmählich diesen Glaubensgehorsam gelernt hat (wenigstens in dieser Generation unter Josua), so daß es möglich geworden ist, die Gegenwart Gottes anzunehmen und auszuhalten, sichtbar geworden durch das Zeichen der gegenwärtigen Bundeslade. Die Nähe der Heiligkeit Gottes war spürbar, der nötige Abstand zur Lade mußte eingehalten werden, aber doch: Gott ist anwesend in ihrer Mitte, heilig, unantastbar, unbesiegbar! Als äußeres Zeichen dieser heiligen Nähe empfängt das Volk auch neu den Befehl der Beschneidung. Hierdurch sollte die »Schande Ägyptens« wieder von ihnen genommen werden, denn das dem Abraham gegebene Absonderungs- und Heiligungszeichen der Beschneidung war in der Zwischenzeit vernachlässigt worden – vernachlässigt – während des Aufenthaltes in Ägypten und auch während der Wüstenwanderzeit. Die Erneuerung dieses Absonderungs- und Heiligungszeichens soll andeuten, daß Gott angefangen hat, das Volk neu zu heiligen. Die geistliche, neutestamentliche Bedeutung der Beschneidung zeigen Römer 8, 13; Galater 5, 16–17; Kolosser 2, 11–12; 3, 5–10. Als äußeres Gedächtnis- und Erinnerungszeichen für diesen wunderbaren Durchzug stehen zwei Denkmäler aus Stein, die bei Gilgal aufgerichtet wurden, zum Gedächtniszeichen für alle Völker, daß die Hand des Herrn in Israel mächtig ist (Jos. 4, 19 + 24). Als ein weiteres abschließendes Zeichen dieses Jordandurchbruchs soll die Furcht und Verzagtheit der umliegenden Völker genannt werden: Josua 5, 1 »Ihr Herz verzagte und kein Mut war mehr in ihnen vor den Kindern Israel!«

3.4.7 *Der Einzug in das verheißene Land Kanaan oder »Die Ausreifung der Seelsorge: Christus in uns, die Hoffnung auf Herrlichkeit«*

In den Kapiteln Josua 6–12 erfolgt der Bericht über die Eroberung des Landes. Schon bei dem ersten entscheidenden Eroberungsbericht von Jericho fällt die eigentliche Unmöglichkeit des Sieges auf. Der Sieg wird auch nicht errungen durch »Heer oder Kraft«, sondern durch die Anwesenheit des göttlichen Heerführers, welcher den Sieg schenkt. Die Abfolge des Sieges ist eine eigentümliche geistliche Schlachtordnung, durch Ruhe und Abwarten gekennzeichnet, die sich in charakteristischer Weise äußert und

Abb. 4: Der Glaubensweg des Volkes Israel, ein Sinnbild für den »Königsweg« des Glaubens

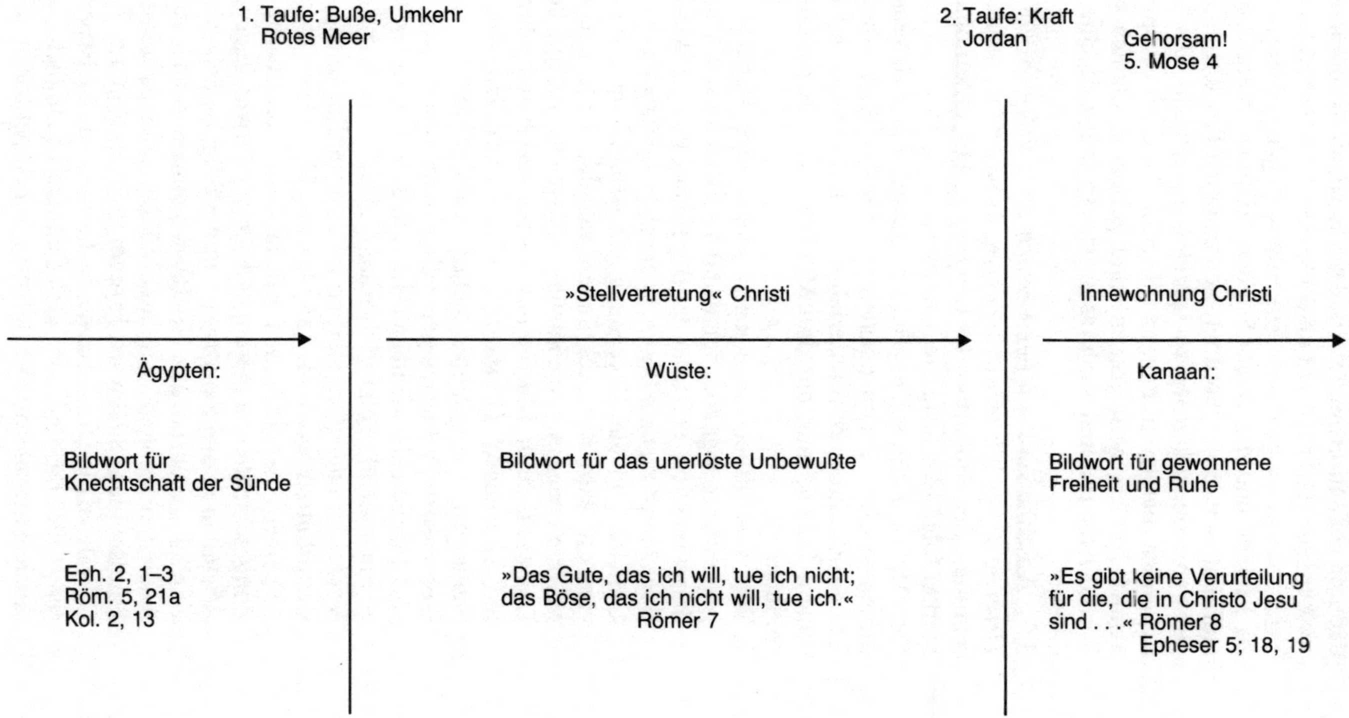

dadurch gekennzeichnet ist, daß sie sich in die Wahrnehmung des Volkes hinein transparent macht und sich durchsetzen kann. Das Volk kann den eigentümlichen Anordnungen des Herrn (Kap. 6, 2ff.) folgen und sich dieser Schlachtordnung unterordnen. Alles vollzieht sich leise, geordnet, neutestamentlich formuliert; *vom Geist vorbereitet und geplant, durch Gebet gewirkt.* Doch auch im folgenden passieren Pannen, Kapitel 7 berichtet davon. Die Schuld Achans wird erkannt und gerichtet, ähnlich wie jene Schuld Ananias' und Saphiras in der Apostelgeschichte.

3.5 Abschließend soll der *Versuch einer tiefenpsychologischen Deutung dieses Wüstenwanderweges,* insbesondere seines Endabschnittes, der Eroberung des Landes Kanaan, unternommen und hierbei folgendes festgestellt werden:
Der Mensch, der seiner Tiefe begegnet, der sich seiner Tiefe öffnen möchte, Raum machen will für die Wahrnehmung des Unbewußten, der konkret erfahren muß die Macht der Wüste in seinem Leben, muß mit drei Möglichkeiten der Konfrontation rechnen:

1. Wer sich öffnet der eigenen Tiefe unter Verzicht auf den gegenwärtigen gekreuzigten und auferstandenen Christus, muß damit rechnen, daß er in der Begegnung mit der Wüste, in der Begegnung mit dem Bösen, in der Begegnung mit existentiellen Gefahren, in der Begegnung mit dem Chaos aus der Tiefe vertraut wird mit Abgründen aus der Tiefe und dahinter Mächten begegnet, die ihn überwältigen wollen und können. – Das wiederholte Murren des Volkes, das Aufbegehren gegen die Führungen Gottes, das Gebissenwerden von giftigen Schlangen, die immer neuen Gerichtsandrohungen und Gerichtsurteile Gottes gegenüber dem wandernden Wüstenvolk machen dies deutlich (Hebr. 4, 2. 6. 11). Im Volk kommt es zunehmend zu einer Scheidung in solche, die in gott-fremdes Verhalten abgleiten, sterben müssen, und in solche, die sich weiterführen lassen (1. Joh. 4, 13 u. 17).

   Allgemein gesagt lernen wir in bezug auf unsere heutige Zeitgeschichte von diesem Wüstenwanderweg folgendes: Das Abgleiten in den Fanatismus, in die religiöse Schwärmerei, in eine falsche ekstatische Erlebnisfrömmigkeit, aber auch in das Abgleiten ideologischer, atheistischer oder pseudo-religiöser Philosophien (Stichwort: Jugendreligionen), in den Terror der Gewalt, in die Drogenszene, in das dämonische Experimentieren – alles das und noch vieles andere ist möglich.

   Auch die ausufernde Vielfalt psychotherapeutischer Techniken

– seit der Psychoanalyse von Sigmund Freud gibt es einige 100 neue Psychotherapieverfahren – weist auf die Fragwürdigkeit gewisser Heilungserlebnisse hin (siehe auch das Buch von J. Frank: »Die Heiler«).

2. Wer sich der Öffnung der Tiefe (in der Wüste) verschließt, etwa aus Angst vor Konfrontation mit den Wüstenrealitäten, aus Angst vor dem Unbewußten, vor dem Bösen, muß allerdings damit rechnen, daß er in Halbheiten, Lebensdefiziten, unausgereiften Lebenshaltungen befangen bleibt. Wer den Mut zur Ganzheit nicht wagen will, wer der Integration des Schattens aus dem Wege geht, wer so befangen und gefangen bleibt in gewissen Gebundenheiten und Halbheiten, der bleibt im Zustand der »Halberlösung« stecken und versäumt das eigentliche Ziel göttlicher Verheißungen. Die seelsorgerliche Erfahrung zeigt, daß viele an dieser Stelle Hilfe brauchen.
3. *Die Öffnung der eigenen Tiefe unter beständiger Wahrung der Beziehung zum gekreuzigten und auferstandenen Christus verhilft allein zu dem Tiefenerlebnis, zur Tiefenerfahrung des innewohnenden Christus.*
Hier gelingt die Integration des Unbewußten; die aus der Tiefe aufsteigenden Scham-, Schuld- und Angstgefühle sind erkannt, angenommen, in Tod und Auferstehung Jesu Christi mit hineingenommen, im Akt der Erlösung überwunden. Die Tiefenperson ist versöhnt. Das Unbewußte in mir ist in seiner Abwehrfunktion, in seinem Widerstand, in seinem Murren und verzagenden Resignieren aufgefangen und überwunden. Jetzt erst gelingt das Halten der Gebote: Die Innewohnung Gottes und Christi wird möglich. Der Heilige Geist gewinnt neue Kraft; er nimmt noch anders als vorher von den Glaubenden Besitz. Während der Durchbruch durch das Rote Meer im alttestamentlichen Bild gesprochen Bekehrung und Wiedergeburt bezeichnet, den Empfang des Heiligen Geistes bedeutet, wird dem die Wüste durchschreitenden, den Jordanfluß überquerenden Gläubigen eine neue Besitzergreifung durch den Heiligen Geist zuteil. Aus dem *Haben des Geistes hat die Besitzergreifung durch den Geist Gestalt gewonnen.* Der den Jordanfluß überquerende, das Land der Verheißung einnehmende Christ ist der mit der Wüste des Unbewußten konfrontierte und damit versöhnte Mensch. Er darf erleben, daß die Kraft des gekreuzigten und auferstandenen Christus zur Kraft des anwesenden, des innewohnenden, des in ihm und bei ihm bleibenden Christus geworden ist, der ihm Ruhe und Frieden aus der Wüste heraus verliehen hat. Das Unbewußte ist in den

Erlösungsprozeß integriert, aufgenommen in die Heilung; der innerste Bereich ist im Versöhnungsschritt des Vertrauens aufgenommen: »So gibt es keine Verurteilung für die, die in Christus Jesus sind« (Röm. 8, 1).

In diesem Versöhnungsschritt ist Tiefenheilung erfolgt.

In diesem Sinne ist neutestamentliche Seelsorge zur Ausreifung, sicher nicht zum Abschluß gelangt. Indem die Hoffnung auf Herrlichkeit eine weg- und lebensbegleitende Hoffnung ist; eine Hoffnung, von der es keine Trennung mehr gibt (Röm. 8, 35: Wer will uns scheiden von der Liebe Gottes . . .), so führt diese Hoffnung in Richtung auf Herrlichkeit, in Richtung auf die Liebe Gottes, von der uns ja nichts mehr trennen soll: »Die Liebe Gottes ist ausgegossen in unsere Herzen durch den Heiligen Geist, der uns gegeben ist« (Röm. 5, 5).

3.6 Zusammenfassung (3.3–3.5)

In diesem Ergreifen der Verheißungen Gottes, angedeutet in den verschiedenen Abschnitten des Wüstenwanderweges des Volkes Israel, zeigen sich tiefgreifende und umwälzende Aspekte für die neutestamentliche Seelsorge, nämlich: daß *Glaubenserfahrungen Anfangserfahrungen sind und über Vertiefungserfahrungen zu weiteren Ausreifungserfahrungen* fortschreiten sollen und müssen, wenn der Königsweg des Glaubens zu seinem Ziel gelangen soll:

Das Ziel ist die Teilhabe an der Herrlichkeit Jesu Christi (Offb. 1). Dieser Vertiefungsweg der Seelsorge bedeutet das Annehmen und Aushalten innerer Widerstände, die ein Spannungsverhältnis der Gläubigen zwischen Vertrauen einerseits und unterschiedlichen Freiheitserfahrungen andererseits widerspiegeln. Sie werden Stück um Stück Lösungen zugeführt, wie in den Versöhnungsschritten deutlich werden soll. Der praktische Weg hierzu ist das Absage- und Übergabegebet. Der Wüstenwanderweg des Volkes Israel, der in seinen wichtigsten Abschnitten dargestellt worden ist, zeigt die Beziehung und das innere Verwandtschaftsverhältnis zwischen neutestamentlicher und alttestamentlicher »Gemeinde«: Die Freiheitserfahrung des einzelnen soll zu einer Freiheitserfahrung der Vielen werden, wobei niemals die Masse des Volkes, die Masse der Gemeinde – wie die Geschichte zeigt – ergriffen wird. Das wirkliche Heilungserlebnis scheint eine Erfahrung der überschaubaren Gruppe zu bleiben. –

Während also in den Kapiteln 3.1, 3.2 und 3.3–3.5 unter den Stichworten »Beginn« und »Vertiefung« der Seelsorge Reifungsschritte des Glaubensgehorsams, der Glaubensnachfolge auf dem

Hintergrund einer biblischen Anthropologie dargestellt worden sind, werden hierbei auch Aspekte des Unbewußten als Widerstand gegen Veränderung, als Abwehr gegen Umkehr deutlich. Verschieden tiefe Freiheitserfahrungen sollen erlernt und erworben werden. Im nächsten Kapitel soll noch ein weiterer Aspekt des Unbewußten dargestellt werden. Ein letztes (biblisches) Lebenszeugnis soll dieses Kapitel beenden:

3.7 Biblisches Lebenszeugnis:

In der Biographie des Stammvaters Jakob lassen sich sehr klar verschiedene Stufen geistlicher Reifung verfolgen. Schon die Jugend der beiden Zwillinge Esau und Jakob war gekennzeichnet durch familiäre Spannungen (Gen. 25 und folgende Kapitel). Während Jakob familien- und traditionsbewußt deutlich um den Erstgeburtssegen und die damit verbundenen Rechte weiß und darum kämpft – er wählt den Gott seiner Väter, will ihm dienen und hat sich ihm hingegeben –, zeigt sich Esau demgegenüber uninteressiert. Mit List und unehrenhafter Verbündung mit seiner Mutter gelingt es Jakob oder eigentlich seiner Mutter für ihn, den Erstgeburtssegen seines Vaters zu erringen. Der Konflikt zwischen den beiden Brüdern verschärft sich, so daß Jakob fliehen muß. Unterwegs zu Beth-El träumt er und sieht auf einer Leiter, die mit der Spitze an den Himmel reicht, die Engel Gottes auf- und niedersteigen (Gen. 28, 12). Er hört die Stimme des Herrn, seines Gottes, die ihn ruft und erwählt hat: »Ich bin der Gott deines Vaters Abraham, und Isaaks Gott; das Land, darauf du liegst, will ich dir und deinem Samen geben! Und siehe, ich bin mit dir und will dich behüten, wo du hinziehst und will dich wieder herbringen in dieses Land.«
In Haran entfaltet sich ein vieljähriges Familiendrama. Jakob in der Fremde begegnet seinem Schwiegervater Laban, der ihn täuscht und seine berufliche Tüchtigkeit auszunutzen versteht, indem er ihm in willkürlicher Reihenfolge seine Töchter und deren Mägde zu Frauen anbietet. Es ist eindrucksvoll sich vorzustellen, wie die Familientragödie im Hause Jakobs zugleich Aspekte des Segens enthält, andererseits die Beziehung zu Laban bei aller Zwiespältigkeit und Täuscherei (Gen. 31, 7) doch auch geheimen Absichten Gottes entspricht. *Jakob ist der Mann in der Wüste.* Gott prüft und läutert seinen Glauben! Endlich gelingt Jakob die Flucht; seine große Familie macht sich auf den Rückweg; Rahel wird eines besonderen Betrugs schuldig und kann sich

retten. Entscheidend aber ist das in Kapitel 32 geschilderte *Pniel-Erlebnis:* Gott selbst, verborgen, geht mit Jakob in einen geheimnisvollen Kampf, in welchem Jakob bis zum Äußersten durchdringt, seine Freiheit Gott hingibt und eine neue Freiheit, einen neuen Segensnamen, Israel, empfängt. Das Zeichen dieses Kampfes ist eine verrenkte Hüfte, ein körperlicher Schaden. Doch Jakob hatte Gott von Angesicht zu Angesicht gesehen, und seine Seele konnte genesen (Gen. 32, 31).

Dieses Lebenszeugnis, die Jakob-Biographie, möchte ich noch kurz kommentieren. Sie entfaltet eindrucksvoll und vielschichtig die Kompliziertheit von Lebenszeugnissen, wie sie uns auch in der Seelsorge an psychisch gestörten Menschen begegnet. Da Jakob als ein »durch und durch gesunder und lebensfähiger Mensch« zu bezeichnen ist, wird aber auch deutlich, daß die Kompliziertheit und Vielschichtigkeit einer Biographie gesunden und weniger gesunden Menschen eigen ist; hierbei geht es immer wieder um ähnliche Gesichtspunkte, von denen auch die Psychotherapie zu reden hat. Und das Jakob-Beispiel zeigt, daß Lebenshilfe und Glaubenshilfe eng verwoben sind.

Das Hauptproblem der Jakob-Biographie ist die *»Familienpathologie«*: Wer die Genesis-Kapitel 19–35 sorgfältig liest, wird innewerden, wie hoch aktuell und bedeutsam Verbündungen und Rivalisierungen innerhalb der Familie das Gesamtgefüge der Entwicklung dieser Menschen bestimmen. Da ist Isaak, der anscheinend mit Esau, Rebecca, die anscheinend mit Jakob verbündet ist. Und während dieser Konflikt die junge und ältere Ehe von Isaak und Rebecca bestimmen, prägt er auch die Jugendzeit von Jakob und Esau. Das Erlebnis von Liebe und Geborgenheit, Verlassenheit, Trennung und Flucht, Angst, Eifersucht, Mord und Selbstmordgedanken: All diese wichtigen Emotionen, Scham, Schuld und Angstgefühle sind wechselnd verteilt, treten in bestimmter Reihenfolge auf, befallen mal den einen, mal den andern Teilhaber dieser komplizierten Familien- und Lebensgeschichte.

Das biblische Lebenszeugnis zeigt, daß endlich hinter diesen äußeren Erscheinungsformen Gott waltet und wirkt. Genesis 25, 23: »Zwei Völker sind in deinem Leib, ein Volk wird dem andern überlegen sein, der Ältere, Esau, wird dem Jüngeren, Jakob, dienen.«

Schließlich muß Jakob fliehen. Im Hause des Laban beginnen neue dramatische, tragikomische Szenen, neue Konflikte, aus denen ersichtlich wird der Fluch Gottes über Adam und Eva: Genesis 3, 16: Zum Weibe sprach er: »Ich will dir viel Schmerzen schaffen . . .«; zu Adam sprach er: »Verflucht sei der Acker um deinetwillen, mit Kummer sollst du dich darauf nähren dein Leben lang!«

Und dennoch findet Jakob Geborgenheit, Liebe und Anerkennung bei seinen Frauen, die sich rivalisierend, von Eifersucht zu Eifersucht quälen, dennoch leben, ihrem Mann dienen und von seiner Kraft abhängen.

Jakob und Laban, Schwiegersohn und Schwiegervater, geraten in heftigen Streit; deutlich zeigt sich die Spaltung von Mann zu Mann, die Spaltung zwischen alt und jung, die Spaltung zwischen erfolgreich und weniger erfolgreich, die Spaltung zwischen dem sündigen, aber doch von Gott abhängigen Menschen Jakob und dem ebenso sündigen, aber nicht von Gott abhängigen Menschen Laban. *Endlich trennen sie sich und gehen eigene Wege.*

An dieser Stelle ist ein für unser Thema sehr wichtiger Aspekt anzumerken: Die äußerst wichtige und notwendige Verknüpfung von *Versöhnungsarbeit und Abgrenzungsarbeit.* Die Jakob-Biographie zeigt uns, daß schon sehr früh auf unbewußter Ebene unter dem Gesichtspunkt von Verbündungen und Rivalisierungen ein Lebensgesetz waltet, welches mit Abgrenzungsarbeit einerseits und Versöhnungsarbeit andererseits bezeichnet werden kann. Hierbei ist gemeint, daß die Lebensentfaltung des Menschen davon abhängt, daß er mit Menschen unterschiedlicher Prägung, verschiedenen Aufgaben und insbesondere auch unterschiedlichen Denk- und Frömmigkeitsstilen lernt auf eine Weise zusammenzuleben, die individuell jeweils neu entdeckt, wahrgenommen und entschieden angenommen werden muß. Dies ist schwierig und setzt ein hohes Maß menschlicher Reife voraus; insbesondere einen überdurchschnittlichen Willen zur Reifung, zur Ganzheit. Einige weitere Beispiele des Alten Testaments mögen dies verdeutlichen: Abram – Lot: Nach einer längeren gemeinsamen Wegstrecke spürt Abram, daß sein Weg anders verläuft als der des Lot. Er sagt ihm: »Willst du zur Rechten, so gehe ich zur Linken, willst du zur Linken, so gehe ich zur Rechten. Abram und Lot müssen sich abgrenzen, damit jeder seinen eigenen Weg gehen kann. Das heißt aber nicht unbedingt Trennung. Trennung wäre Unversöhnlichkeit, Abgrenzung bedeutet ein Höheres: Gerade um des Versöhnten Lebens willen entscheide ich mich für meinen Weg, und du darfst dich für deinen Weg entscheiden. Diese Abgrenzungsarbeit im Sinne einer weitergehenden Versöhnungsarbeit ist unbedingt auch für heranwachsende Kinder erforderlich. Sie werden entdecken, daß der Weg aus dem Elternhaus im Sinne einer Abgrenzungsarbeit notwendig ist, um das Ziel des Erwachsen-Werdens zu erreichen. Ähnliche Abgrenzungsschritte sind immer wieder zu neuer Reifung notwendig und wünschenswert, wobei hier festzuhalten ist, daß diese Schritte der Abgrenzung immer wieder auch das Gemeinsame betonen, das gemeinsame Suchen und Finden, auch bei unterschiedlicher Lebensführung. So erst können Kinder ihre Eltern ehren, wenn sie vorher sich abgegrenzt haben und entdeckt haben, wer sie selbst sind (zum Unterschied von den Eltern). Weiteres biblisches Beispiel: Isaak – Ismael. Auch hier waltet dieses eigentümliche Gesetz, daß Isaak eine andere Lebensaufgabe, einem anderen Lebensentwurf zu entsprechen hat, als Ismael und darum Reifungsschritte im Sinne von Abgrenzungsschritten notwendig sind. Es ist bezeichnend, daß sie später wieder zusammen, verbündet und versöhnt, sich treffen, um ihren Vater zu begraben (Gen. 25, 9). Weiteres biblisches Beispiel: Jakob – Esau. Die Abgrenzungsarbeit von Jakob wurde bereits angedeutet. Jakob hat einen viel weitergehenden Lebensauftrag als beispielsweise Esau. Er ist berufen und gerufen, mit vielen Menschen versöhnt und zugleich abgegrenzt, versöhnt und zugleich in Spannung, zu leben. In Genesis 29 und den folgenden Kapiteln lesen wir davon, wie die Beziehungen des Mannes Jakob zu Laban auf der einen Seite und zu seinen verschiedenen Frauen auf der andern Seite und zu Esau unterschiedlich und spannungsvoll waren. Menschliche Beziehungen, geladen von Annäherung und Abstoßung, Abgrenzung und Wiederversöhnung voller Höhen und Tiefen des Leides, aber auch voll Beglückung (Gen. 29; 30, 1–4; 31; 32). Die Beziehungen Jakobs zu seinen vielen, unterschiedlichen Frauen und zu seinen Söhnen ist ein Musterbeispiel von »bezogener Individuation«.*

Die Familientherapie versteht unter diesem Begriff die Tatsache, daß Menschen auf unterschiedlicher Ebene Beziehungen herstellen und durchhalten können, wobei die hiermit verbundenen Spannungen ausgehalten und immer wieder neu in Schritte der Versöhnung, des Zueinander-Findens, einmünden. Diese alttestamentliche Reihe von Abgrenzungs- und Versöhnungsschritten könnte fortgesetzt werden. Es soll nur noch ein Beispiel aus der Apostelgeschichte vermerkt werden (Apg. 15, 36–41). Paulus und Barnabas geraten in Streit wegen der Mitarbeiterfrage. Auch hier ist ein Abgrenzungsschritt zwischen Paulus und Barnabas nötig, damit sie beide ihrem Missionsauftrag gerecht werden. Während Paulus Silas auf seine Reise mitnimmt, entscheidet sich Barnabas

* Der Begriff der »bezogenen Individuation« stammt von H. Stierlin

für Johannes Markus! Später, so lesen wir, haben sich beide wieder versöhnt, und Paulus konnte für Johannes Markus liebevolle versöhnende Worte finden.

Auf diesen wichtigen Aspekt des Zusammenwirkens von Versöhnungsarbeit und Abgrenzungsarbeit bei der Ausgestaltung differenzierter, zwischenmenschlicher Beziehungen wird später noch einmal hingewiesen (Kap. 4.5.3). Festzustellen ist jedoch, daß der Begriff der Abgrenzung positiv und negativ verstanden werden kann; an dieser Stelle war er in positivem Sinne gemeint. Negative Bedeutung des Begriffes Abgrenzung hieße Trennung oder Spaltung; eine positive Definition des Begriffes Abgrenzung könnte etwa mit »Mut zum eigenen Selbst«, Mut zur Wahrnehmung der individuellen Bestimmung, der eigenen Lebensaufgabe beschrieben werden.

Jakob wird in dieser Wüste in seine entscheidende Tiefenbegegnung mit Gott hineingetrieben. Aus immer neuen Ängsten, Trennungserlebnissen, Ungeborgenheiten seines Lebens heraus zwingt ihn Gott hin zu sich selbst, zu seinem größeren und mächtigeren Segen: Pniel verwandelt Jakob, den Täuscher, in Israel, den Gottesstreiter!

So gesegnet vermag er wiederum Esau, den von Kindheit an mit ihm verfeindeten Bruder zu segnen, sich mit ihm zu versöhnen!

Ist dieses »Modellbeispiel einer Lebensgeschichte« nicht immer wieder neu auch unsere Erfahrung? Fahren wir fort in den biblischen Geschichten, so entdecken wir nach Jakob die Geschichte Josephs, die Geschichte des Mose mit Israel und schließlich die Geschichte des wahren und falschen Israels und der neutestamentlichen Gemeinde.

Entscheidend bleibt, daß in das Chaos menschlicher Lebensgeschichten, zwischenmenschlicher Familienpathologien hinein der Umkehrruf Gottes erfolgt und darin sein Gnadenangebot, sein Heilsangebot wahrnehmbar wird und von Menschen aufgenommen werden kann. Dies soll im folgenden und letzten Kapitel noch weiter ausgeführt werden.

4. Die Heilung des Unbewußten in der Bergpredigt

Der Widerstand gegen Veränderung, die Abwehr gegen Umkehr ist – so wurde ausgeführt – unbewußt. Das Ineinanderwirken von Gesetz und Evangelium, von Gericht und Gnade, soll diese Widerstände aufdecken. In diesem letzten 4. Kapitel soll noch ein anderer Aspekt des Unbewußten deutlich werden: Der auf sein Unbewußtes hin offene Mensch ist auch der ganzheitliche, der schöpferische Mensch, der gelernt hat, wie in den Versöhnungsschritten bereits angedeutet worden ist, sich ganz anzunehmen. Er hat gelernt, sein Gutes und Böses wahrzunehmen und auf Zukunft hin, auf Hoffnung hin, auf eine zukünftige Enderlösung hin, einzustellen. In immer neuen Versöhnungs- und Abgrenzungsschritten entfaltet er sich auf eine immer neue Zukunft hin. Die Zukunft ist immer noch größer als die Gegenwart; auch die durch Glaubenserfahrungen reiche Gegenwart ist im Vergleich zu dem Horizont biblischer Zukunft immer noch klein. Der ganzheitliche, der schöpferische Christ weiß um seine Erlösung, er vertraut sich ihr ganz an, aber er hofft auf eine Enderlösung, auf das Endziel der Wege Gottes, auf die Königsherrschaft der Himmel.

Zu dieser Königsherrschaft der Himmel ist er ansatzweise schon jetzt befreit; für diese Königsherrschaft soll er aber auch vorbereitet werden, um sie ganz zu ergreifen, um ganz in ihr zu leben. Paulus drückt diese Erfahrung der Königsherrschaft Gottes als einer angebrochenen Realität im Epheserbrief folgendermaßen aus: »Derhalben beuge ich meine Knie vor dem Vater, der ein Vater ist über alles, was da Kinder heißt im Himmel und auf Erden, daß er euch Kraft gebe nach dem Reichtum seiner Herrlichkeit, stark zu werden durch seinen Geist an dem inwendigen Menschen, daß Christus wohne durch den Glauben in euren Herzen und ihr durch die Liebe eingewurzelt und gegründet werdet . . .« Und im 1. Korintherbrief, Kapitel 3, 22–23 sagt er: »Welt, Leben und Tod, Gegenwart und Zukunft – alles gehört euch. Doch ihr gehört Christus und Christus Gott.«

Diese biblische Perspektive kennzeichnet einen Totalitätsanspruch Gottes auf unser Unbewußtes, auf unser Inwendiges, indem sie uns auf eine neue Zukunft hin orientiert. Das ist jene Zielorientierung, von der im 2. Kapitel die Rede war und die hier erneut aufgenommen werden soll.

So sind die Zeichen der Königsherrschaft Gottes bereits sichtbar angebrochen und in Erscheinung getreten in den Menschen, in denen Jesus Christus Wohnung genommen hat, in denen er zur Herrschaft gekommen ist. *Dieser Herrschaftsbereich ist in der Bergpredigt Jesu Christi verkündigt worden.* Die Bergpredigt verkündigt Reich Gottes auf Erden. Diese Verkündigung soll zeichenhaft ein zur Ganzheit gekommenes Christsein widerspiegeln; ein Christsein, welches von der Gegenwart her auf Zukunft hin, vom Glauben her auf Hoffnung hin befreit ist. *Die Thesen der Bergpredigt verdeutlichen tiefer und radikaler als irgendeine andere Lebensphilosophie oder psychotherapeutische Heilslehre, was der Ausdruck »Heilung des Unbewußten« meint, nämlich einen Heilungsvorgang, der Vergangenheit, Gegenwart und Zukunft umfaßt, indem er auf Beziehung hin angelegt ist und nicht nur auf Erkenntnis hin.* Die in Jesus Christus neugewonnene Beziehungsrealität gelangt in den Thesen der Bergpredigt zur Ausreifung; das soll im folgenden noch näher verdeutlicht werden.

4.1 **Heilung des Unbewußten ist Umkehr des Herzens, Veränderung des Charakters**

Durch Einbruch des Göttlichen in die Tiefe des Menschen, in sein Unbewußtes und durch die Öffnung des Menschen für dieses Göttliche erfolgt Heilung. Diese Heilung ist eine Heilung der Tiefe; sie hängt primär ab von dem Vertrauen an die stellvertretende Erlösungstat des Gottes- und Menschensohnes, sie hängt ab von dem Vertrauen an sein Opfer, welches Heilung wirkt. Aus diesem Vertrauen erfolgt Erfahrung, Tiefenerfahrung. In biblischer Formulierung bedeutet diese Öffnung der Tiefe, diese Tiefenheilung »Umkehr des Herzens«. Es ist hilfreich, die bereits genannten alttestamentlichen und neutestamentlichen Schriftstellen in diesem Zusammenhang nachzulesen (Kap. 3). Von der Notwendigkeit der Buße, der Umkehr des Herzens weiß das Neue Testament sehr viel zu berichten. Jedoch stößt diese »Buß-Theologie« auf Widerstände, damals und heute. Umkehr des Herzens, Umkehr des Willens, Umkehr des Verstandes, Umkehr der Gefühle – kann das verkündigt werden? Wird das verstanden? Die Erfahrung zeigt in Seelsorge und Verkündigung viele Mißverständnisse, die oft das Gegenteil erreichen, nämlich Abwehr und Verschiebung der Schuld (siehe Beispiel Kain und Abel!)! Die Frage stellt sich: Ist Verzicht auf Abwehr der Sünde (vor Gott) möglich? Ist Verzicht auf Abwehr der Schuld (vor Menschen) möglich?

Dieses Abwehrverhalten konfrontiert uns mit Charakter-Fehlhaltungen, mit Charakter-Deformierungen! Im Kontext unseres Themas wird unter Charakter dieses unbewußte Abwehrverhalten verstanden. Es stellt sich die Frage, ob dieses unbewußte Abwehrverhalten, ausgedrückt in Charakter-Fehlhaltungen, aufgebrochen und überwunden werden kann?

Charakter-Fehlhaltungen, Charakter-Deformierungen, ja überhaupt allgemein falsches Verhalten und die damit verbundenen Nöte im zwischenmenschlichen Zusammenleben, in Ehe und Familie, am Arbeitsplatz, auch in der Gemeinde, die einen breiten Raum in der Seelsorge einnehmen, hängen zusammen mit Abwehrverhalten gegenüber Sünde und Schuld als moralischen Defiziten. Die einzelnen stoßen sich an ihren Grenzen, an ihren Haltungen.

»Jammertante«, »Klugscheißer«, »Krämerseele«, »ehrgeiziger Streber« usw. – all diese Kurzformeln menschlicher Charakterhaltung kennzeichnen Aspekte des Unbewußten der Person, welche in bestimmten Augenblicken des Gesprächs besonders deutlich zu erspüren und dann auch ggf. zu benennen sind. Diese Kurzformeln, wenn sie im Bewußtsein des Seelsorgers auftauchen, oft im Rahmen eines längeren Gesprächs, können, wenn sie ausgesprochen werden, für den Betroffenen außerordentlich kränkend sein. Aber gerade die Kränkbarkeit des einzelnen ist ein Kennzeichen ihrer Richtigkeit, d. h. sie treffen Wahres im Betroffenen. Sie treffen Wahres, welches verborgen war, verdrängt war, abgespalten gewesen ist und einen bestimmten Aspekt, einen Bereich des Unbewußten besetzt gehalten hatte. Die Psychotherapie hat unter dem Stichwort der Charakteranalyse (W. Reich) Treffendes hierzu formuliert, welches für den Seelsorger sehr lehrreich sein kann. – Eine bemerkenswerte »Aufdeckungskraft« besitzt in diesem Sinne der Witz, welcher oft in Form humorvoller Äußerungen diese Tiefenschichten der Seele widerspiegelt. Er entdeckt humorvoll dieses Menschliche, das allzu Menschliche gerade im Unbewußten, indem er zugleich hilfreich verdeckt das allzu Schamhafte, Kränkende dieses allzu Menschlichen. In dieser Mischung von Entdeckung und Verbergung wirkt der Witz humorvoll-entlarvend; die Kränkbarkeit, die Verletzlichkeit des einzelnen wird vermieden und aufgedeckt durch Heiterkeit, Heiterkeit als Abwehr der Kränkbarkeit.

Aus Charakterfehlhaltungen entstehen Konflikte, die gerade durch das Unbewußte der dahinter stehenden Eigenart des einzelnen oft undurchschaubar verkoppelt sind mit Reaktionsweisen der einzelnen, die das Zusammenleben sehr erschweren, einengen und an der Oberfläche zu erheblichen Schuldgefühlen und Angst beitragen können. Die Wahrnehmung dieser Konflikte und die damit verbundenen Gefühle von Scham, Schuld und Angst werden entweder abgewehrt – das Chronischwerden dieser Abwehr in einer Dauerhaltung zeigt die Charakter-Fehlhaltung – oder sie werden in das Bewußtsein zugelassen, erzeugen akute Gefühle der Schuld, des Versagens, des Scheiterns. Während in der Regel durch Ethik und Morallehren menschlicher Religionen, Philosophien und Ideologien dieses tief im Menschen vorhandene »Böse« abgewehrt werden muß durch bewußte Anstrengungen, »gut« zu sein, zeigt das biblische Menschenbild überraschend deutlich, daß diese Abwehrmanöver auf die Dauer und im Grunde nicht zum Erfolg führen und darum aufgegeben werden können. *Die Anthropologie der Bibel bezeugt das Böse, die Sünde, als das Normale, da sie die Schöpfung als eine von Gott abgefallene Schöpfung durchschaut hat.* Das Wichtigste und Neuartigste der biblischen Anthropologie enthüllt mir das tiefe Eingeständnis: »Ich darf ein Sünder sein, weil ich es bin. Ich darf ohne Scham das Tiefste und Verborgenste in mir, das Böse, zugeben, denn ich brauche es nicht zu verbergen.« Der Mensch darf sein: ein eigensinniger Trotzkopf, ein Dickschädel, ein frommer Jude, ein eitler Tropf, ein stolzer Heide oder was auch immer – er darf es sein, er darf es vor Gott sein, denn die biblische Anthropologie bezeugt, daß Gott in Jesus Christus stellvertretend diese Tiefen seiner Sünde angenommen, auf sich genommen, getötet und überwunden hat. Jesus als Mensch hat aus seiner Loyalität für Zöllner, Sünder und Huren kein Geheimnis gemacht und sich deswegen den tödlichen Zorn der Rechtschaffenen und vermeintlich Frommen zugezogen. Die Grundwahrheit der Versöhnung lautet: daß Gott anstelle des Menschen das Böse annimmt, übernimmt, an sich zieht, in sein Menschsein, in seine Fleischwerdung hineinzieht und darin zu Tode bringt. Hierin unterscheidet sich das biblische Menschenbild von allen anderen Religionen. Die Bibel erwartet nicht ein Gutsein des Menschen, welches er nicht leisten kann, wie die anderen Religionen, sondern sie erwartet die Heilsannahme, die Übernahme einer Tatsache, welche Gott in Jesus Christus geschaffen hat: Er trug und trägt und wird tragen ihre Sünde. Jesus ist uns zur Sünde gemacht, damit wir würden die Gerechtigkeit in ihm, die vor Gott gilt (2. Kor. 5,21). Sünde ist so gesprochen sein Menschsein. Sünde ist sein »Unbewußtsein«, sein Widerstand gegen den Lebendigen. Sünde ist von Geburt an des Menschen Wesen. Sünder bin ich nicht erst dann, wenn ich anfange, böse zu sein, sondern ich bin böse, weil ich ein

Mensch bin und weil ich ein Mensch bin, habe ich Sünde. Abwehr der Sünde ist darum aufgehoben, wenn der einzelne wahrnimmt, daß die Stellvertretung des Gottessohnes das Problem der Sünde endgültig gelöst hat.
Somit muß die Frage, ob Abwehr der Sünde möglich ist, eindeutig bejaht werden! Sünde kann nur überwunden werden durch Verzicht auf Abwehr. Durch Verzicht auf Abwehr lösen sich Charakter-Fehlhaltungen, Charakter-Deformierungen, lösen sich chronisch gewordene Fehlverhaltensweisen, lösen sich die krampfhaften Versuche der Menschen, gut und fromm zu sein.
Und wir fragen erneut:
Was heißt dann Umkehr des Herzens? Umkehr des Willens, Umkehr des Verstandes? Veränderung des Charakters?

4.2 **Die 8 Thesen der Bergpredigt** (Matth. 5–7)
Allgemeine Gesichtspunkte

Alle Thesen der Bergpredigt beginnen mit dem provozierenden Aufruf: »Glückselig sind . . .«! Hier wird etwas Neues, noch nie Dagewesenes, Leben erneuerndes und Welt veränderndes Verhalten verbalisiert. Diese Thesen kennzeichnen heiles Menschsein. Die Bergpredigt redet von einem Verhalten, welches nur derjenige leisten kann, der in seiner Tiefe Heilung empfangen hat. Ihre Aussagen machen deutlich, daß der einzelne, der die Glückseligkeit erfährt, nicht nur vordergründig im Bewußtsein, in Verstand und Wille, sondern hintergründig in der Tiefe, im Unbewußten – umgekehrt, verändert worden ist. Diese heiß umstrittenen Aussagen über die Glückseligkeit des Menschen, welche ungeheuer faszinierend die Lebensordnung der einzelnen wie die Lebensordnung der Menschheit berühren, die verschiedenen Gemeinschaftsformen prophetisch ansprechen, gleichsam auf ein großartiges Ziel hin orientieren, welches de facto nie ganz erreichbar ist, aber angestrebt werden soll: Diese faszinierende Anziehungskraft entfaltet Tiefenwirkung: Wirkung auf Zukunft hin. *Die Bergpredigt ist Prophetie!* Diese Prophetie auf Zukunft hin, welche von der Zukunft her die Gegenwart verändern und zugleich durchleuchten will, soll im folgenden erläutert werden.

4.2.1 Die Bergpredigt provoziert, fordert auf zum Umdenken, schenkt Frieden und Ruhe: Die Tiefenwirkung der Aussagen wird spürbar in Reaktionen der Menschen durch Angerührtwerden und Aufgewühltwerden. Die Wahrheit dieser Thesen kann nicht geleugnet werden, sie erzeugen ein Gefühl der Hoffnung, der lebendigen Zuversicht, zugleich aber auch ein Gefühl der Unmöglichkeit, der Grenzerfahrung im Leben des Alltags.

4.2.2 Hieraus folgen leidenschaftliche Ablehnung und zugleich leidenschaftliche Bewunderung. Sie provozieren den ungeheuren Widerstand im Menschen, in Kirche und Gesellschaft; ein Widerstand, der herrührt aus einer nicht näher definierbaren Angst gegenüber diesen ungeheuerlichen Wahrheiten und dem dumpfen Gefühl, das eigene Leben, welches in narzißtischer Selbstbespiegelung und Selbstfaszination festgehalten wird, zu verlieren. Die Bergpredigt konfrontiert den realen Menschen mit dem realen Gott; diese Konfrontation schafft diese ungeheure leidenschaftliche Spannung der Gegensätze.
Die »Thesen von der Königsherrschaft der Himmel« oder auch die Thesen von der Glückseligkeit des Menschen appellieren aber auch an die wirkliche Lebenssehnsucht des Menschen. An seine Sehnsucht, gut, vollkommen, wahrhaftig zu sein. Sie konfrontieren mit der Realität des Reiches Gottes; einer Realität für unsere Lebensgestaltung, für unsere Gemeinschaftspraxis, für den Dienstbereich in Familie, Kirche und Gesellschaft. Endlich konfrontieren sie mit der Erlösungsbedürftigkeit unserer Herzen, unseres Unbewußten. Die Realität dieser »Himmelreichsthesen« ist eine aktuelle und zugleich eine prophetische, auf Zukunft hin gerichtete Realität. Sie drücken ein Sein aus, welches das neue Sein in Christus widerspiegelt; ein Dasein des Menschen, welches aus der Tiefenheilung seiner Seele erwachsen ist. Diese auf Zukunft hin orientierten Thesen ermöglichen Hoffnung für die Gegenwart. Sie erzeugen eine Daseinswahrnehmung, daß alles gut gehen wird, weil »ER« alles herrlich hinausführen wird. Die Bergpredigt ermöglicht angesichts einer immer hoffnungsloser und chaotischer werdenden Gesellschaftsunordnung eine zukünftige reale Gesellschaftsordnung, in welcher Gerechtigkeit und Frieden wohnt. In diesen Thesen erscheint Hoffnung auf eine heile Zukunft hin nicht als Utopie, sondern als reale Möglichkeit für denjenigen, der aus der Kraft dieser Erlösung lebt. Schon heute ist feststellbar, daß reale bevorstehende Zukunftsperspektiven, welche die Wissenschaft anbietet, im eigentlichen Sinne Weltuntergangs-Perspektiven sind. Diese Weltuntergangs-Perspektiven wandeln sich aber im Licht der Offenbarung der Bergpredigt in Zukunfts-Perspektiven einer neuen Schöpfung, in welcher Gerechtigkeit herrscht. Diese prophetische Zukunfts-

schau ist bereits im Alten Testament an mehreren Stellen vorweggenommen (Jes. 19, 16–25).

4.2.3 *Die Hoffnung der Bergpredigt*

Die Hoffnung der Bergpredigt erwächst aus dieser neugewonnenen Zukunftsperspektive, welche die Gegenwart verändert. Darum ist gegenwärtiges Sein glückseliges Sein, wenn es heilgewordenes Sein ist. Heilung des Seins heißt Heilung von Vergangenheit, Gegenwart und Zukunft in der Biographie des heilgewordenen Menschen. Dieser Ganzheitsaspekt der Heilung greift in das Unbewußte des Lebens. Vergangenheit, Gegenwart und Zukunft des Menschen sind in der Bergpredigt zusammengewachsen zu einer Einheit der Umkehr, zu einer Tiefenheilung, welche Zeit und Raum der einzelnen erfaßt, ergriffen und verändert hat, da Zeit und Raum auf Gott hin in Ordnung gebracht worden sind (Matth. 6, 25. 34). Der Mensch der Hoffnung hat Hoffnung geschöpft für sich selbst und für andere aus der Hoffnung der Bergpredigt; einer Hoffnung auf Glückseligkeit, weil Gott da ist und nicht nur der Mensch. Die Hoffnung der Bergpredigt ist eine Hoffnung auf Begegnung Gottes, des Lebendigen, mit dem erstarrten, unheilen Menschen. Die Hoffnung der Bergpredigt gipfelt in dem wahrgenommenen Geheimnis der Offenbarung, welche in Erfahrung umgemünzt worden ist: daß zwar die Sünde mächtig geworden ist und immer wieder neu mächtig wird, die Gnade aber noch viel mächtiger geworden ist. Die Hoffnung der Bergpredigt, welche immer neu Offenbarung in Erfahrung umwandelt, gründet letztlich in der tiefen Überzeugung, daß der
Römer 5, 20 Tod verschlungen ist in den Sieg durch die Auferstehungsmacht Jesu Christi. Christus, der Gekreuzigte, ist zugleich der Erhöhte. Aus der Kraft seiner Erniedrigung empfängt er die Kraft der Erhöhung. Diese Verwandlungskraft Christi dringt ein in die Gegenwart der Menschen und ordnet sie auf das göttliche Ziel, auf die Zukunft Gottes hin, ein.

4.2.4 *Die einzelnen Glückseligpreisungen*

Versuchen wir, diese allgemeinen Aussagen zu konfrontieren mit den einzelnen Thesen der Bergpredigt (Matth. 5).

These 1: »Glückselig sind die Armen vor Gott, denn ihnen gehört das Reich«

An dieser Stelle scheint hilfreich ein kurzer Exkurs über das unterschiedliche Vorgehen in Psychotherapie und Seelsorge. Während der Psychotherapeut durch Träume, Einfälle, durch Arbeit an Übertragung und Gegenübertragung, durch Wahrnehmung von Widerständen, durch Deuten und Durcharbeiten in der Zweierbeziehung Zugang zum Unbewußten gewinnt, dieses aus der Unverfügbarkeit heraufholt in den Bereich der Verfügbarkeit, hierbei Schritt für Schritt Unbewußtes bewußt macht und versucht, in eine neue Lebensgestalt einzuordnen, indem gestörte Lebensvollzüge sich dem Normalen angleichen, erscheint in der Seelsorge, die Jesus hier in den Thesen der Bergpredigt anwendet, der Zugang zu den verborgenen, verschlossenen Herzen dadurch aufgebrochen zu werden, daß er in bestimmten Bildern das Unverfügbare aufzeigt, welches verfügbar werden soll. Es scheint, daß der Sprecher dieser Thesen die eigentliche Kraft sein will, welche den Aufbruch der Tiefe erwirken will. Nicht die Wahrheit an sich, die thesenhaft erläutert wird, sondern der Sprecher der Thesen ist das Entscheidende an ihnen. Hierauf ist später noch näher einzugehen.

Der Zusammenhang in der 1. These besteht zwischen Armsein und Reichsein. Der unbewußte Widerstand des Menschen gegen diese Aussage richtet sich gegen die Aussage über das Armsein. Niemand will arm sein, jeder möchte reich sein. Jesus versucht in diesem Satz, die Abwehr gegen das Armsein zu durchbrechen, indem er es bewußt macht, danach aber den Heilungsvorgang einleitet, indem er das Armsein mit großen Verheißungen in Zusammenhang bringt und aufzeigt, daß die Armut des Herzens, d. h. das Verzichtenkönnen auf äußere Reichtümer eine Eigenschaft des Unbewußten ist, welche in sich Reichtum ist und reich macht. Die innere Armut des Herzens drückt sich aus in der Gebärde der leeren Hände, in der Gebärde des nach oben offenen Blickes, in der Haltung der Erwartung, in der Haltung des Empfangens. Nur der Arme kann empfangen; der Reiche, verdorben in seiner Sattheit, stirbt an der Gebärde des Sich-Verschließens; in seinem Reichtum ist er arm geworden. Das Beispiel des reichen Kornbauern verdeutlicht diese Wahrheit. Diese Redeweise über den Reichtum der Armut, über die Armut des Reichtums kann natürlich in ihrer Gegensätzlichkeit nur sinnvoll verstanden und angenommen werden, wenn sie eine Beziehung ausdrückt: die neue Beziehungsrealität, die Beziehungsrealität des Reichen zu dem Armen, des Armen zu dem Reichen. *Die Seligpreisung der Armut ist ja nur deswegen eine Seligpreisung, weil sie in Beziehung bringt zu dem, der reich macht, der glückselig macht, eine Beziehung zu dem absolut und unendlich reichen Gott herstellt.* Gott, der Reiche, wünscht sich Partner, die vor ihm arm sind, die von ihm empfangen möchten. Daher macht Armut *vor ihm* glückselig. Diese Wahrheit ist aber eine sehr tiefgründige und bedarf des Hörvermögens und Sehvermögens des Unbewußten.

These 2: »Glückselig sind die Trauernden, denn sie werden getröstet werden.«

Während also der erste Schritt zur Heilung des Unbewußten ein inneres Verständnis geweckt hat für den Reichtum der Armut des Herzens und hiermit ein erster Schritt der Abwehr gegen diese Armut entlarvt ist als die Abwehr des unbewußten Wunsches, sein zu wollen wie Gott, und hinter diesem Wunsch der Tod steckt (Kap. 1), wird in dieser zweiten Bergpredigtthese offenbar ein anderer, sehr tiefer unbewußter Wunsch ausgedrückt; ein Bedürfnis, welches das Gegenteil von Trauer ist. Der natürliche Mensch will nicht trauern, er will nicht leiden, er möchte ungebremst, unkontrolliert »genießen« und ist gerade darin nicht glückselig.

Pred. 7, 3 *Dieser zweite Heilungsschritt des Unbewußten ist also ein Schritt der Bejahung der Trauer.* Der heile Mensch kann und will trauern, er kann Trauerarbeit leisten, er will es lernen, er kann in seiner Trauer wahrnehmen und spüren das Defizit an Leben, an Genuß. Er kann es annehmen und innerlich bejahen, weil er spürt, daß in diesem Gefühl der Trauer, in dieser Trauerarbeit etwas Schöpferisches und Positives steckt: die Perspektive des Trostes, des Getröstet-Werdens. Nur wer trauert, wird getröstet. Wer die Trauer in sein Herz fallen läßt, wird ein Mensch nach dem Willen Gottes, ein Mensch des Erbarmens, der auch die Not des anderen spürt und wahrnimmt, weil er gelernt hat, sie bei sich selbst wahrzunehmen und anzunehmen. Während die Glückseligpreisung der Armut reich macht vor Gott, wendet sich die Glückseligpreisung der Trauernden gegen ein ungebremstes narzißtisches Glücks- und Genußbedürfnis, welches in rauschhaften und ekstatischen Erlebnissen Gott und die Welt suchen und finden möchte. Der zutiefst unheile Mensch sucht diese Pseudo-Erlösung, der in seinem Unbewußten heile Mensch hat sie durchschaut, hat darauf verzichtet und gelernt – die Glückseligpreisung der Trauer anzunehmen und sich ihr zu öffnen. Er öffnet sich damit der Not dieser Welt, der Not seiner Mitmenschen, er wird zum barmherzigen Samariter, zum Tröster der Trauernden.

Moderne Gemeinschaftsformen einer Pseudo-Erlösung finden wir in nahezu allen »Jugendreligionen«, in der Drogenszene und in einigen extremen schwarmgeistigen religiösen Gruppierungen. Sie alle haben gemeinsam, daß der allzu menschliche Wunsch nach Erlösung verkündigt wird und erreicht werden soll ohne den Preis, den dieses Leben der Glückseligkeit kostet: Wer sein Leben erhalten will, der wird's verlieren; wer sein Leben verliert um meinetwillen und um des Evangeliums willen, der wird es finden (Mark. 8, 35).

These 3: »Selig sind, die keine Gewalt anwenden, denn sie werden das Land besitzen.«

Die Glückseligpreisung der Gewaltlosigkeit, des Verzichtes auf Gewalt oder die Glückseligpreisung der Sanftmütigen, wie Luther übersetzt, ist eine Seligpreisung, welche ein weiteres tiefes Unheil des Unbewußten aufdeckt: das Unheil nämlich, aggressiv sein zu müssen. Die Aggressivität des Menschen regt sich spontan und sehr heftig immer dann, wenn ihm Unrecht geschieht, wenn er verletzt wird, wenn er sich bedroht fühlt. Die unbewußte natürliche Reaktionsweise ist die des Zurückschlagens, wobei der Zwang zu dieser Reaktion das eigentlich unbewußte Unheil ausdrückt. Dieses zwanghafte Bedürfnis zurückzuschlagen, sich zu verteidigen, sich zu wehren – gleichsam ein religiöses Gesetz ausdrükkend, scheint zutiefst kreatürlich-natürlich das eigentlich »Böse« als das Gesetz des Bösen schlechthin auszudrücken; Genesis 4, 8–15; es ist gleichsam zu einem religiösen Gesetz geworden, zu einem Gesetz »des Auge um Auge, Zahn um Zahn«. Der Kreislauf von Sünde, Gesetz und Tod scheint hier am sinnfälligsten zum Ausdruck gebracht, überdeutlich spürbar in den ungebremst aggressiven Regungen der Menschen. Die Kreatur will leben und sich verteidigen, ja, sie muß sich verteidigen. Gegen diesen »Verteidigungszwang« richtet sich diese Seligpreisung, welche zum Ausdruck bringt: Du bist unter einem sehr starken Schutz, wenn du auf Gewaltanwendung verzichtest, wenn du gewaltlos denkst und handelst. Der Gewaltlose steht unter dem Schutz eines Mächtigen, der die Macht hat, das Erdreich zu verteidigen und zu verteilen. *Die Gewaltlosigkeit als eine Eigenschaft des Sanftmütigen besitzt das Land, da sie im Innenbereich des Unbewußten mit dem Erdreich versöhnt ist.* Die Herrschaft des mit dem Erdreich versöhnten, gewaltlosen Menschen ist die Herrschaft einer Autorität, welche gewähren läßt, welche dem anderen sein Erdreich überläßt und gerade darin besitzt, indem sie überläßt. Diese These ist für den Umgang der Vorgesetzten mit Untergebenen, der Könige mit den Untertanen, der Herrschenden mit den Beherrschten, der Mächtigen mit den Machtlosen von entscheidender Bedeutung. Auch hier zeigt sich ohne besondere Schwierigkeit, daß diese These nur haltbar ist, wenn sie aus der neugewonnenen Beziehungsrealität heraus gewachsen und Fundament gewonnen hat. Nur um Jesu willen und »in Christus« kann ich meine berechtigte Aggressivität zügeln und zum Sanftmütigen werden.

These 4: »Glückselig sind, die da hungern und dürsten nach Gerechtigkeit, denn sie werden satt werden.«

Der hier angesprochene Hunger und Durst ist zunächst nicht der nach Brot. Der Hunger nach Brot, der Durst nach Wasser – das ist Ausdruck des kreatürlichen Menschen, der zutiefst erregt ist und ins Murren gerät, wenn Brot fehlt (s. auch Kap. 3). Während also das Unbewußte nach Brot schreit, nach täglicher Sättigung, schreit der Heilgewordene nach Gerechtigkeit. Ihn dürstet danach, daß alle Brot, daß alle Wasser haben. Er denkt nicht nur in narzißtischer Selbstliebe an sich, sondern spürt, daß es ihm nur gut gehen kann, wenn es auch den andern gut geht. Der aus dem Unbewußten heilgewordene Mensch ist der aus dem unheiligen »Ich bin« herausgewachsene zu einem neuen »Ich bin« gewachsene Mensch, welcher auch das »Du bist« des anderen wahrnimmt, achtet und unter allen Umständen beachtet wissen will. Er lebt nach dem göttlichen Gebot »Du sollst deinen Nächsten lieben – wie dich selbst«. Der nach Gerechtigkeit hungernde Mensch ist gemeinschaftsfähig, ist partnerfähig, ist erlöst zum anderen hin. Er ist aus der Gespaltenheit herausgerufen, gewachsen in die Beziehung hinein. Er ist glückselig und dennoch: Er hungert und dürstet; er leidet, bis es auch den anderen gelingt, sich zu sättigen. Hier ist am deutlichsten zu spüren das Unheil einer kranken Gesellschaft; einer Gesellschaft, die die andere Menschengesellschaft vergißt und sich genug sein läßt am eigenen Reichtum. Der in der Manier des geldgierigen und blutrünstigen Raffers die Schwachheit und Armut der anderen ausnützende Mensch, um sich selbst zu bereichern, kennzeichnet am tiefsten das Unheil des in seinem Herzen zutiefst kranken Menschen. »Wehe ihr Reichen, denn ihr habt eueren Lohn dahin«. Die Geschichte des reichen Kornbauern, der zu sich spricht: »Nun iß und trink und habe guten Mut«, zeigt den zum Narren gewordenen unheilen Menschen, der in nackter Armut sterben muß.

These 5: »Selig sind die Barmherzigen, denn sie werden Erbarmen finden.«

Gerechtigkeit ohne Barmherzigkeit ist Grausamkeit, Barmherzigkeit ohne Gerechtigkeit ist Sentimentalität, schafft Unordnung. In der Geschichte vom barmherzigen Samariter wird uns diese tiefe Eigenschaft deutlich, die allein Gottes ist. Kein Mensch ist wirklich barmherzig. Diese Seligpreisung zeigt uns deutlich, wie sehr das Unheil unseres Unbewußten uns vom barmherzigen Tun trennt. Wer das Gleichnis angemessen verstehen will und die Wahrheit ungeschminkt auf sich wirken läßt; eine Wahrheit, die

Liebe ausdrückt zwischen Todfeinden, zwischen »Samaritern« und Juden, zwischen Deutschen und Juden; Roten, Schwarzen, Weißen, Braunen und Gelben, Linken und Rechten, Marxisten und Kapitalisten, . . . Moslems, Hindus und Christen, der spürt, daß hier Gott der Handelnde ist. Gott selbst, der sich in Jesus Christus herniederläßt, um das tiefe Unheil in uns zu heilen und auf der Basis dieses neuen Heils Barmherzigkeit ermöglicht. Barmherziges Tun ist immer selbstvergessenes Tun. Gnadenhaft kann der Barmherzige selbstvergessen an andere denken, für andere da sein, ihnen helfen, ohne das eigene Heil im Auge zu haben. Barmherziges Tun kontrastiert zum »Helfersyndrom«: Der Helfer, der selbst hilfsbedürftig, in seiner Hilfestellung dem anderen gegenüber sich selber hilft und dadurch oft zum Diktator der Hilfe entartet. Es ist dann jene »Bruderhilfe«, die aus eigener Angst und eigenen Machtgelüsten das Land der anderen überfällt, bedroht und das eigene Handeln als Bruderhilfe ausgibt. Echte Barmherzigkeit dagegen ist unergründlich, unerschöpflich. Und dennoch ist der Barmherzige auch gerecht, gerecht sich selber gegenüber, indem er spürt, wann seine barmherzige Hilfe nicht mehr hilft, sondern schadet. Hier endet dann die Hilfe, aber nicht die Barmherzigkeit. Der Barmherzige möchte, daß der andere Erbarmen empfängt und nicht Unheil. Der Alkoholiker, der in vermeintlicher Barmherzigkeit Geld bekommt, empfängt Unheil. Wenn Jesus dagegen auf die Frage: Wer ist mein Nächster? dieses Gleichnis erzählt und dann zum Schluß der Erzählung darauf hinweist, genauso zu handeln, dann ist zu spüren, daß offenbleibt, wie die barmherzige Tat im Einzelfall aussieht. Wer sie empfängt, ist immer klar, der unter die Räuber Gefallene. Aber wie die Tat im einzelnen aussieht, dieses bleibt für immer das Geheimnis des barmherzigen Menschen, der Barmherzigkeit empfangen hat – als Ausdruck des geheilten Unbewußten.

These 6: »Selig sind, die reinen Herzens sind, denn sie werden Gott schauen.«

In dem Bildwort des reinen Herzens ist der Aspekt der Heilung des Unbewußten am sinnfälligsten ausgedrückt: Das reine Herz, ein Sinnbild für Heilung schlechthin. Diese Seligpreisung erspürt vielleicht am deutlichsten eine Sehnsucht, die Sehnsucht des unheilen Menschen nach der Schau Gottes. Sehnsucht nach Reinheit des Herzens drückt den tiefen Wunsch nach Wiedergutmachung des Bösen aus. In diesem Wunsch nach Wiedergutmachung des Bösen, in dem Wunsch nach dem Urparadies, in welchem die Schau Gottes möglich war: Das reine Herz will zu dieser Urschau zurückfinden. In dieser Urschau findet es letztlich Geborgenheit, indem es eindringen darf in das Wesen Gottes, in die Ruhe Gottes. Im Schauen Gottes ist Genesung, nur in der Ruhe ist Schauen möglich. In der Ruhe der Gottesschau öffnet sich das Heiligtum. Das Unverfügbare, das im Grunde nicht schaubare, für unsere Sinne verborgene Wesen Gottes – dieses darf nun geschaut werden, ansatzweise, stufenweise, womöglich bis zur Vollendung. Hier trifft uns eine im Gegensatz zum alten Bund ganz neuartige, überraschend faszinierende Wahrheit: Jesus eröffnet die Gottesschau, die dem alten Bund verschlossen war. Diese neutestamentliche Verheißung vom Schauen Gottes geht weit über die alttestamentliche Gottesbegegnung hinaus, in der das Schauen Gottes versagt, ja geradezu verboten war. »Niemand kann leben, der mich sieht«, sagt Gott zu Mose, welchen Gott seinen Freund nennt. Bei Jesus wird das Schauen Gottes möglich: Er selbst ermöglicht es, er selbst ist ja das schaubare Bild Gottes, welches sein Wesen ist (2. Kor. 3, 18; 3. Kor. 4, 6). Wenn Antoine de Saint-Exupéry sagt, »man sieht nur mit dem Herzen gut«, so ist das Schauen Gottes darin angedeutet, ein Schauen und Erspüren von Herz zu Herz, weniger ein Schauen der Sinne.

These 7: »Selig die Friedensstifter, denn sie werden Söhne Gottes heißen.«

Aus dem Schauen Gottes erwächst Friede. Friede kommt aus dem Einssein mit Gott, aus seiner Ruhe, welche er überströmen läßt auf den Schauenden. So wird der Schauende zum Friedensstifter, zum Friedensbringer. Dieser Friede ist ein Friede des Herzens, welcher weniger in Taten, als vielmehr in einer Haltung, in einer Atmosphäre ausgedrückt ist. Diese Atmosphäre des Friedens ist eine schöpferische Atmosphäre, welche den anderen teilhaben läßt an dieser Friedens-Atmosphäre. Insofern ist dieser Friede kein Waffenstillstand, welcher auf Abwehr beruht, auf Abwehr der eigenen Grenze gegen die Ansprüche des anderen; ein Waffenstillstand, der die Machtbereiche abgrenzt und begrenzt, sondern der von vornherein es wagen kann, auf Machtbegrenzungen zu verzichten, da er sie bereits im Innenbereich der Seele in Besitz genommen hat. Der Friedensstifter hat Macht in sich selbst, Macht über sein Unbewußtsein, Macht über das Unheil in sich gewonnen, er hat es besiegt, überwunden. In Besitz genommen hat der Friedensstifter die absolute Ruhe Gottes; als einen Frieden, als eine Ruhe, welche in Gott ruht. Dieser in Gott ruhende Friede entströmt dem Friedensstifter. Er ist so Teilhaber der Gottheit, Teilhaber des Wesens Gottes, Teilhaber der Ruhe

Gottes geworden, und darum ist er Sohn, Tochter Gottes. Gleich dem ewigen Sohn Gottes gehen diese Friedensstifter wie nachgeborene Söhne und Töchter Gottes über diese Erde. Wo ihr Tritt die Erde berührt, strahlt Friede aus, wächst Friede empor in denjenigen, die sich berühren lassen von dieser Atmosphäre des Friedens.*

These 8: »Selig sind, die um Gerechtigkeit willen verfolgt werden, denn ihnen gehört das Himmelreich.«

Diese Söhne Gottes, diese Friedensstifter, erregen Ärgernis. Sie erregen den Erdkreis (Apg. 17, 6), werden darum verfolgt und empfangen aufs Neue die Verheißung auf das Besitztum des Himmelreiches.

Die Frage stellt sich, welche Gerechtigkeit hier gemeint ist. Auch hier kann es wiederum nur die Gerechtigkeit Jesu Christi sein, die sie verleiblicht haben, nicht irgendeine Form sozialer Gerechtigkeit. Die hier gemeinte Gerechtigkeit, welche all die vorhergehenden Seligpreisungen zusammenfaßt und ausdrückt, eine Heilung des Unbewußten, die nach außen strahlt, ist eine provozierende göttliche Gerechtigkeit. Wenn das Heil Gottes auf das Unheil des Menschen trifft, wenn die Gerechtigkeit Gottes auf die Ungerechtigkeit des Menschen trifft, dann entsteht Erregung. Die hier gemeinte Gerechtigkeit ist eine Gerechtigkeit, die standhält; sie entstammt einer Innenschau der göttlichen Gerechtigkeit, welche zugleich Barmherzigkeit ist. Sie ist faszinierend und erregend und provozierend. Sie ist eine Haltung, die nicht auf Absicherung eigener Vorteile gründet, sondern die Interessen Gottes erkannt und zu den eigenen gemacht hat, willig zum Empfangen und Weitergeben. Wer die Gerechtigkeit Gottes willig empfängt und weitergibt, der ist gerecht. Das eigene Heil, aus Gott empfangen und weitergegeben an andere: Dieses Himmelreich wirkt dann auch in soziale Bereiche hinein. Die Gerechtigkeit des Himmelrei-

* Diese Friedensatmosphäre als Ausdruck der Friedensbewegung Gottes ist deutlich zu unterscheiden von der Friedensbewegung dieser Welt. Die Ursprünge und Ziele beider Bewegungen sind verschieden. Dennoch sollte festgehalten werden, daß unter gewissen Voraussetzungen beide voneinander lernen könnten. Bei Öffnung der irdischen Friedensbemühungen für biblisch-geistliche Akzente, von denen hier die Rede ist, wäre es möglich, daß gewisse Schöpfungsrealitäten, die notgedrungen immer auch gefallene Realitäten sind, in positivem Sinne verändert werden könnten. Umgekehrt wäre die Berührung menschlich engagierter Friedenskämpfer mit dem Geist des Evangeliums nur von Vorteil, auch für die Situation mancher Gemeinden. Auch hier gilt der allgemeine Grundsatz von Versöhnungs- und Abgrenzungsbereitschaft, der im Einzelfall sicher sehr schwierig ist.

ches ist dann aber immer eine Haltung vor Gott, in Gott und nie ohne Gott. Sobald die Beziehung zu dem lebendigen Gott verlorengeht und in eine rein mitmenschliche Beziehung entgleitet, ist es nicht mehr die Gerechtigkeit Gottes, die selig macht, sondern Macht ausübt! Dieser rein sozialen Gerechtigkeit gehört das Himmelreich nicht, ebensowenig das Armsein an sich, welches in sich wertlos ist, ebenso wie das Reichsein an sich vor Gott kein Nachteil ist. Armsein und Reichsein empfängt seine eigentliche Bedeutung und Bestimmung erst in der Beziehung zu Gott. Wer mit leeren Händen vor Gott steht, also arm ist, der ist reich in ihm. Wer mit vollen Händen vor Gott steht, wer reich ist vor ihm, wird seinen Reichtum nicht wie einen Raub festhalten. Wer mit leeren Händen sich von Gott abwendet, rebelliert, bleibt in seiner Armut leer, ungesegnet; er entartet zum trotzigen Revolutionär.
Wer mit vollen Händen sich von Gott abwendet, rebelliert, bleibt in seinem Reichtum leer, ungesegnet, er entartet zum mächtigen Blutsauger, zum herrschsüchtigen Tyrannen, süchtig nach Macht und Gewalt.

4.3 Die Bergpredigt schafft Umwertung aller Werte

So ist die Verkündigung, das Zeugnis der Bergpredigt ein schöpferisches, Leben erneuerndes und Welt veränderndes Zeugnis zwischen Gegenwart einerseits und Gotteszukunft andererseits. In diesem Sinne schafft die Bergpredigt eine »Umwertung aller Werte«. Diese Umwertung ist letztlich die Folge einer veränderten Beziehung, einer neugewonnenen Beziehungsrealität, welche eine stufenweise Vertiefung erfahren und gewonnen hat.
Diese Umwertung aller Werte nimmt die gestellte Frage: »Was heißt Umkehr des Herzens, Umkehr des Willens, des Verstandes; ja, Veränderung des Charakters« erneut auf und beantwortet sie dahingehend, daß es im Leben der Gläubigen auf eine zunehmende »Verinnerlichung« dieser Thesen ankommt. Dieser Vorgang der Verinnerlichung ist nur denkbar in ständiger Beziehung zu dem, der die Verinnerlichung ermöglicht: zu Jesus Christus. *Gelebte Bergpredigt ist gelebte Jesus-Nachfolge!* In der Jesus-Nachfolge werden die Eigenschaften Jesu verinnerlicht; diese Eigenschaften sind – die Glückseligpreisungen. Durch Empfangen und Weitergeben, durch Hören und Sprechen, durch die immer neue Umkehr des verlorenen Sohnes zum Vater, durch Jesusliebe, Bruderliebe und Retterliebe – wächst der Christus in uns heran. Der so heranwachsende, sich entfaltende Mensch lebt

in den Dimensionen des Vertrauens, der Liebe und der Hoffnung!
Ich vertraue dir, ich liebe dich, ich hoffe auf dich: So redet der Mensch zu Jesus, welcher für ihn zum Christus geworden ist. In Christus gelangt er zum Vater und wird Bürger eines neuen Reiches, in welchem Gerechtigkeit und Frieden wohnt; ein Friede, welcher alle diesseitigen Friedensphantasien und Friedensutopien übersteigt und auf Hoffnung hin zu leben gelernt hat. Die Realität des Menschen in der Bergpredigt ist eine Realität des Menschen in Beziehung zu dem lebendigen Gott (Kap. 3).

4.4 Heilung des Unbewußten bedeutet Zugehörigkeit zu dem neuen Reich Gottes

4.4.1 *Die Bergpredigt Jesu und der Glaube an den trinitarischen Gott*

Die einzelnen Abschnitte der Bergpredigt zeigen uns unmißverständlich in großer Klarheit und Konsequenz die neue Beziehungskonstellation:
Jesus, der sich vorstellt als der König eines neuen Reiches, – Gott im Himmel als der Vater, – die Menschen, die Jesus anredet und die gelernt haben, ihm zu vertrauen, als Kinder Gottes. – In dieser, wenn ich so sagen darf, Dreieckskonstellation: der Vater, der Sohn, die Kinder des neuen Reiches – ist das neue Reich Gottes konstelliert.
Die Eigenschaften dieses neuen Reiches sind Konfrontationen einer neuen Schöpfung mit der alten Schöpfung. Jünger Jesu werden unter bestimmten Bedingungen selig gepriesen, sie sind Salz der Erde und Licht der Welt, sie leben aus der Versöhnung, sie leben in ständiger Umkehr und Erneuerung des Herzens, sie schwören nicht, sie beten im Verborgenen, Gott hingegeben und demütig, sie kennen Gott als ihren Vater und lieben ihn, sie haben einen neuen Schatz gefunden, der anders ist und größer ist als alle bisherigen Schätze, sie sorgen nicht, sie trachten zuerst nach dem Reich Gottes, sie gehen ein durch die enge Pforte, sie haben ihr Haus auf den Felsen gegründet: All diese großartigen, ungewöhnlichen Aussagen stehen selbstverständlich im Raum, und es stellt sich erneut die Frage: Aus welcher Kraft sollen Menschen diese Dinge verwirklichen, diese neue Gesinnung erhalten? Es stellt sich erneut und unvermindert die Frage nach der Reinheit des Unbewußten, nach der innersten Fähigkeit, Gott zu schauen, ihn zu verinnerlichen.

Während Jesus die Beziehung zu seinem Vater in den Mittelpunkt stellt und die Menschen als die Kinder dieses Vaters mit einbezieht, setzt Jesus voraus die dritte Kraft dieses Reiches Gottes auf Erden: die Kraft des Heiligen Geistes. Der Glaube des Menschen an den trinitarischen Gott bedeutet: Glaube an den Vater, Glaube an den Sohn, Glaube an den Heiligen Geist! Was ist der Heilige Geist? Der Heilige Geist ist der Vater und der Sohn – im Menschen wohnend. Der Heilige Geist ist der innewohnende Gott, der verinnerlichte Gott. »Wer meine Gebote hat und sie hält, der ist es, der mich liebt, wer mich aber liebt, wird von meinem Vater geliebt werden, und ich werde ihn lieben und mich ihm offenbaren. Wer mich liebt, der wird mein Wort halten; und mein Vater wird ihn lieben, und wir werden zu ihm kommen und Wohnung bei ihm machen« (Joh. 14, 21. 23). Und Vers 17: »Den Geist der Wahrheit, welchen die Welt nicht kann empfangen; denn sie sieht ihn nicht und kennt ihn nicht. Ihr aber kennet ihn; denn er bleibt bei euch und wird in euch sein.« Und Johannes 16, 13: »Wenn aber jener, der Geist der Wahrheit kommen wird, der wird euch in alle Wahrheit leiten . . .« Diese Verse sind ein Zeugnis der Verheißung des innewohnenden Geistes, welcher ist Gott, der Vater und Gott, der Sohn in den Jüngern.

Der Heilige Geist ist Gott-in-uns

Diese Innewohnung des Geistes ist eine *Innewohnung im Herzen, im Unbewußten des Menschen.* Dieser Geist schafft Liebe, Tröstung, Geborgenheit. Er befähigt zum Halten der Gebote Jesu; er befähigt zur Erkenntnis der Dinge, die normalerweise vom natürlichen Menschen nicht erkannt werden. Er offenbart die göttlichen Dinge.

Christus: Gott für uns

Während der Heilige Geist der Gott der Innewohnung ist, ist Jesus Christus der Sohn, der Gott, der *für uns gelebt,* gelitten, gestorben, auferstanden, in den Himmel gefahren ist! Der Gott der Stellvertretung, *der für uns in den Riß* getreten ist, und die neue Versöhnung, den neuen Bund gestiftet hat, den der Mensch durch Adam und Eva zerstört hatte. Diese Schöpfungstat des Vaters durch den Sohn schafft die Voraussetzung für das Inkrafttreten des Heiligen Geistes. Dieser neue Bund ermöglicht die Verkündigung der Botschaft vom Reich, ermöglicht Evangelium, frohe Botschaft, die Proklamation der Bergpredigt: »Ich aber sage euch!«

Und endlich ist Gott, der Vater, der Schöpfer-Gott, jener Gott, der in Jesus Christus und im Heiligen Geist *zwischen uns* und der Schöpfung lebt und regiert.

Vater: Gott zwischen uns

Somit ist für das neue Reich folgende Grundkonstellation gegeben: Durch den Glauben an den dreieinigen Gott sind neue Beziehungen hergestellt durch das neue Leben: *Gott zwischen uns, Gott für uns, Gott in uns.* Diese drei Bedingungen ermöglichen den Aufbau eines neuen Reiches. und der Schöpfung

Durch dieses dreifache Bekenntnis ist eine neue Dynamik in die alte Schöpfung hineingebracht worden, eine neue Bewegung zwischen Schöpfungsrealität, Erlösungsrealität und Geistrealität. Immer wieder neu soll Schöpfungsrealität verändert werden in Erlösungsrealität und Erlösungsrealität verändert werden in Geistrealität, und wiederum soll Geistrealität hineingeordnet sein in Schöpfungsrealität. Dieser neue göttliche Kreislauf der Veränderung, der Bewegung des alten, gefallenen Menschen, der gefangen ist in den Bedingungen der alten Schöpfung, er soll Stück um Stück herausbewegt werden zu Gott hin. Dies soll im folgenden noch etwas näher verdeutlicht werden:

4.4.2 *Die Kraft des Heiligen Geistes*

Wir sprechen von der neuen Kraft des Heiligen Geistes! Diese Kraft ist eine Kraft der Innewohnung Gottes. Was bewirkt diese Innewohnung Gottes?

4.4.2.1 Das »Bedürfnis zu beten«

Das für mein Gefühl Erste und Wesentliche, was dieser innewohnende Geist bewirkt, ist das *Bedürfnis zu beten.* Die Vernachlässigung des Gebetes, welches in einem neugeschenkten Urvertrauen alles von Gott erwartet, ist wohl der größte Mangel der Kinder Gottes. Weil das Gebet vernachlässigt wird, darum gibt es so viele Mangelerscheinungen. Beten-Können ist aber eine Eigenschaft des innewohnenden Geistes. Der Mensch, der beten will, muß es aus der Kraft dieses innewohnenden Geistes, des Heiligen Geistes, tun können. An vielen Stellen redet die Schrift von der Notwendigkeit zu beten. Bittet, so wird euch gegeben; ihr habt nicht, weil ihr nicht bittet; die Apostel erklären ihre Kraft, indem sie feststellen: Wir wollen beim Gebet und beim Dienst des Wortes verharren. Von der Urgemeinde wird gesagt: Sie blieben aber beständig in der Apostel-Lehre, in Gemeinschaft, im Brotbrechen, im Gebet. Psalm 50, 15: Rufe mich an in der Not, so will ich dich erretten, so sollst du mich preisen. Gebet, wahres, vertrauensvolles Gebet bewegt den Arm Gottes, und es ist ein inneres Geheimnis des Reiches Gottes, daß Gott viele Dinge von dem Gebet seiner Kinder abhängig macht.

Gebet ist nicht Monolog, sondern Dialog, Gespräch mit Gott, dem Vater und dem Sohn. Der Christ, der nicht betet, ist gleichbedeutend einem zur Sprachlosigkeit verurteilten Kind. Gebet ist Sprache, Gebet ist Öffnung des Innersten im Menschen vor Gott, für ihn und seine Nähe. Gebet ist Wiedergewinnung der verlorenen Urbeziehung zwischen dem ersten Menschen Adam und der Vaterschaft Gottes. Wer betet, geht ein in die Geheimnisse des ungetrübten Verhältnisses zu Gott, dem Vater, er geht ein in das Paradies, vorbei an dem Cherub mit dem Flammenschwert. Jesus Christus, der Hohepriester und Fürsprecher, der diese Urspaltung aufgehoben hat, ermöglicht diese neugewonnene Beziehungsrealität: Geh in dein Kämmerlein und bete zu deinem Vater, der in das Verborgene sieht; er wird dir's vergelten öffentlich.

Gebet ist Sprache, Zwiesprache, und insofern enthält es alles, drückt es alles aus, was in einer Liebesbeziehung ausdrückbar ist. Es gibt alles hin und möchte alles empfangen. Das Gebet dringt ein in die Dinge der unerlösten Schöpfung und öffnet sie für das Eindringen der Erlösungsrealität, das Eindringen des Evangeliums. Durch Gebet in der Kraft des Heiligen Geistes wird aufgebrochen, umgebrochen und geöffnet für das neue Wesen Gottes.

4.4.2.2 Die Fähigkeit zum »neuen Tun«

Ein zweiter wichtiger Bereich, welchen der innewohnende Heilige Geist ermöglicht, ist *das neue Tun!* Hiervon war bereits die Rede. Jesus spricht davon: Wer diese meine Rede hört und tut sie, den vergleiche ich einem klugen Mann. Während das Gebet der schöpferische Anteil, die schöpferische Vorwegnahme der Phantasie ausdrückt, ist das Tun der Kinder Gottes jener aktive Prozeß, der aus dieser schöpferischen Phantasie folgt. Die Heilungs- und Veränderungskraft des Heiligen Geistes schafft das neue Unbewußte, das neue Herz; aus dieser Neuschöpfung Gottes im Menschen kommt der neue Impuls, das neue Motiv, die neue Tat, die Frucht des Geistes, das neue Leben.

4.4.2.3 Die Gaben des Geistes

Ein dritter Bereich dieses innewohnenden Geistes ist *das Inkrafttreten neuer Gaben, der Geistesgaben.* Der Mensch als Funktionsträger von Gaben. Christus hat das Gefängnis gefangen geführt, das Gefängnis des Todes der alten Schöpfung, der Gespaltenheit zwischen Gott und den Menschen und hat den Menschen Gaben gegeben. Diese Gaben sind Ausdruckskräfte des Heiligen Geistes. Jede natürliche Gabe kann unter der Einwirkung dieses Geistes zu einer göttlichen Gabe verwandelt werden. Spezielle Gaben sind an mehreren Stellen des neuen Testaments beschrieben, insbesondere in den Paulusbriefen. Gaben und Früchte des Geistes sind eng aufeinander bezogen, aber offenbar nicht dasselbe.

Das Gebet, das neue Tun, die Geistesfrucht und der Mensch als Träger von Geistesgaben sind Grundelemente für den Aufbau des Reiches Gottes auf Erden. Von dem Inkrafttreten dieser Dinge hängt ab, ob gebaut wird auf dem Grund der Apostel und Propheten, wo Jesus Christus der Eckstein ist – ob gebaut wird auf diesem Grund mit Gold, Silber, edlen Steinen oder nur Holz, Heu, Stroh, Stoppeln.

4.4.2.4 Das Gesetz des Geistes

Ein weiterer grundlegender Wirkungsbereich des innewohnenden Geistes ist in Römer 8 ausgedrückt, Vers 2: »Denn das Gesetz des Geistes, der da lebendig macht in Christo Jesu, hat mich frei gemacht von dem Gesetz der Sünde und des Todes.« Vers 9: »Ihr aber seid nicht fleischlich, sondern geistlich, so anders Gottes Geist in euch wohnt.« Diese Verse, aus dem Zusammenhang gegriffen und im Zusammenhang des 8. Kapitels nachzulesen, besagen, daß das Urgesetz des Fleisches, das Gesetz der Sünde und des Todes gleichbedeutend ist mit jener Schlangenverheißung im Paradies: Euch werden die Augen aufgetan, ihr werdet sein wie Gott und erkennen, was gut und böse ist. Dieses Erkenntnisvermögen der von der Schlange gegebenen Verheißung ist dieses Gesetz der Sünde und des Todes. Dieses Gesetz beinhaltet den Zwang, das Gute tun zu wollen, es aber nicht zu können, weil die Sünde in diesem Zwang verwurzelt ist. Entscheidende Aussagen hierüber stehen im 7. Kapitel des Römerbriefes. Die Schöpferkraft des innewohnenden Heiligen Geistes bewirkt nun diesen neuen Daseins- und Lebensimpuls, welchen Paulus nennt das Gesetz des Geistes, der lebendig macht in Christo Jesu. Dieser neue, lebendig machende Impuls des Geistes in Christo Jesu ist ebenso wie der andere Ausdruck eines neuen Gesetzes, eines Lebensgesetzes, welches ohne Zutun und Willen des Gläubigen im Innersten des Herzens, in der Verborgenheit des Unbewußten wirksam geworden ist. Dieses neue großartige Lebensgesetz kann nicht genügend betont werden. Dieses Lebensgesetz ist immer wieder von neuem Befruchtung, Wachstum, Ausdruck der Kraft einer neuen Blüte. Wo früher Dornen, wachsen und blühen jetzt Rosen des Geistes! Wo das echte Samenkorn des Wortes in die Tiefe fällt, in das Innerste des Menschenherzens und befruchtet wird von dem Heiligen Geist, da wächst und erblüht Stück um Stück und Stufe um Stufe dieses neue geheimnisvolle Lebensgesetz des Geistes. Dieses neue Lebensgesetz des Geistes ist das Tun Gottes, des Vaters und des Sohnes in uns.

4.4.3 *»Geist und Fleisch«*

Und noch ein letzter Aspekt über dieses innewohnende Lebensgesetz des Geistes soll hier vermerkt werden: Es ist jener Aspekt, der auf der einen Seite festschreibt die neuen göttlichen Verheißungen als neugeschenkte Realitäten, die neue Schöpfung in uns, das Gesetz des Reiches Gottes in uns, aber es beinhaltet auch die Zugehörigkeit zum Leib der Sünde, welcher der alten Schöpfung angehört, in der Sprache des Paulus in lutherischer Übersetzung: das »Fleisch«.

Römer 8, 10: »So aber Christus in euch ist, so ist der Leib zwar tot um der Sünde willen, der Geist aber ist Leben um der Gerechtigkeit willen, den Geist gelüstet wider das Fleisch, das Fleisch wider den Geist.« Diese Verse besagen und schreiben fest eine neue, *durch den Geist gewirkte Spaltung, die immer wieder neu überbrückt werden muß, aber nie endgültig aufgehoben werden kann:* nämlich die Spaltung zwischen dem Alten, der alten Schöpfung, der wir angehören, solange wir in diesem Leib leben, und der neuen Schöpfung, der wir ebenfalls angehören, solange der Geist Gottes in uns ist. Bildlich gesagt: Mit einem Bein stehen wir in der alten, mit dem andern Bein stehen wir schon in der neuen Schöpfung. Diese Spannung muß ausgehalten werden. Sie muß durchgestanden und in immer neuen Reifungsschritten erprobt werden. Christus will uns Stück um Stück aus der alten Schöpfungsrealität in die neue Dimension der Erlösungsrealität hineinziehen – durch seinen Geist, der in uns wohnt; aber niemals darf in uns die illusionäre Meinung entstehen, daß wir als Angehörige dieses Leibes endgültig und ein für allemal der alten Schöpfungsnorm entfliehen können. Diese endgültige Loslösung wird Christus selbst schaffen erst dann, wenn er wiederkommt in Macht und Herrlichkeit.

In ungeheurer Wucht der Bilder, in Deutlichkeit und Schärfe ist diese Wahrheit der doppelten Zugehörigkeit ausgedrückt in den Sendschreiben der Offenbarung des Johannes an die sieben Gemeinden. In äußerster Realistik und Dynamik werden hier Gefahren aufgezeigt, die durch die Verführung, durch Zugehörigkeit zu der alten Schöpfung und damit auch durch das Offensein für die Schlangeneinflüsterungen gegeben sind, aber auch durch die Zugehörigkeit zu dem Neuen und das Offensein für den Geist gegeben sind.

4.4.4 *»Geist und Wort«*

Die Veränderungskraft des Heiligen Geistes in der Tiefe unseres Unbewußten kommt endlich auch zur *Entfaltung durch das Hören und Lesen des Wortes Gottes.* Immer wieder muß das Wort gehört, gelesen und studiert werden, wenn der Heilige Geist in unseren Herzen, in der Tiefe unseres Unbewußten wirken soll. Aber das Wort allein wirkt nicht. Der Heilige Geist muß sich des Wortes bedienen; der Geist selbst ist das Schwert, welcher das Wort benutzt, um in der Tiefe seine Wirkung zu tun. So sagt Paulus: ». . . vor allen Dingen ergreifet das Schwert des Geistes, welches ist das Wort Gottes; dieses Wort Gottes ist lebendig und kräftig und schärfer denn kein zweischneidig Schwert und dringt durch, bis daß es scheidet Seele und Geist, auch Mark und Bein und ist ein Richter der Gedanken und Sinne des Herzens. Und keine Kreatur ist vor ihm unsichtbar. Es ist aber alles bloß und entdeckt vor seinen Augen« (Hebr. 4, 12. 13). *Der Geist in Verbindung mit dem Wort hat demnach Offenbarungsmacht, Scheidungsmacht und Urteilsmacht.* Es richtet in der Tiefe unseres Wesens Gedanken und Sinne. Es scheidet das Gute und das Böse und bringt es in Beziehung zu dem lebendigen Gott. Darin liegt also das Geheimnis des vollmächtigen Lebens, daß die Kraft des Geistes durch das Wort zur Wirkung, zur Entfaltung kommt.

4.4.5 *Gefahren durch Mißverständnisse und Überbetonungen* (siehe auch Abschn. 3.3.2).

Hier liegen aber auch Gefahren: Wer den »Heiligen Geist« überbetont, das »Wort« vernachlässigt, gerät in die Gefahr einer übertriebenen »Geist-Theologie«. In falschem Eifer und unechtem Feuer werden Brüder gelästert und unschädlich gemacht. Aber auch andere Extreme sind gefährlich: Die Überbetonung des Wortes im Sinne einer übertriebenen »Wort-Theologie« oder die Überbetonung des Sakraments als überbetonte »Sakramentstheologie«. Überbetonungen einer Wahrheit, eines Aspekts der Wahrheit auf Kosten eines anderen Aspekts sind gefährlich. Denn diese »Theologien« enden oft in einer toten Rechtgläubigkeit. Sie betonen Einzelwahrheiten des Wortes, des Geistes, des Sakraments ohne Leben und Kraft. *Erst in der zuchtvollen Ineinanderwirkung der ganzen Wahrheit wird Kraft und Leben »von oben« vermittelt.* In dem falschen Gebrauch dieser Wirkmächte liegen wohl auch die Ursachen vieler Spaltungen innerhalb derjenigen, die Jesus Christus als ihren Herrn bekennen; Spaltungen in verschiedene »Glaubens-Gruppen«, Denominationen und Konfessionen. Jahrhundertelange Kämpfe, bis in unsere Zeit hereinreichend innerhalb dieser verschiedenen Gruppierungen sind Ausdruck einer Verführungsmacht, welche in den Gläubigen die göttliche Perspektive in rechter Verwendung der Kraft, des

Geistes in Verbindung mit dem Wort und dem Sakrament verzerrt. Dadurch wird die Wahrheit verdunkelt. Wie ist das möglich? Zur Klärung dieser sehr wichtigen »Wahrheitsverzerrung« ist erneut auf die Seelsorge-Aspekte in den Kapiteln 3, 1; 3, 2 und 3, 3 zu verweisen. Es scheint, daß allein die in demütiger Beugung vor Gott ruhende, auf Jesus Christus und sein Opfer gerichtete Haltung des Vertrauens, welche auf alle Eigengerechtigkeit verzichtet hat und immer neu verzichtet, in der Lage ist, diesem Verführungsgeheimnis zu widerstehen. Dieses »Widerstandsvermögen« wird durch konkrete Handlungsweisungen Jesu an seine Jünger deutlich zum Ausdruck gebracht. Es leitet über zum nächsten Kapitel:

4.5 **Das »Unbewußte« in der Sprache der Bergpredigt: Konkrete Handlungsanweisungen Jesu an seine Jünger**

4.5.1 *Eigenschaften der Jünger: Salz der Erde, Licht der Welt*

Die Bergpredigt gilt Jüngern (Matth. 5, 1–2); sie gilt nicht der Masse. Nur der einzelne, der eine Beziehung zu Jesus Christus gefunden hat, kann sie hören, verstehen und leben. In Matthäus 5, 13–16 benutzt Jesus Bildworte, um Eigenschaften seiner Jünger zu benennen. Diese Bildworte führen uns mitten hinein in den wahren Zustand der Erde, in den wirklichen Zustand der Masse, in den Zustand dieser Welt. Dieser Zustand ist ohne Salz – dumm; ohne Licht – finster. Erde und Welt harren auf das Andersartige und Neuartige, welches das Leben der Jünger in sie hineinzubringen sucht. Der Christ soll eine Veränderungskraft, eine Leuchtkraft in die vergängliche Substanz dieser Welt – Erde hineintragen. Je tiefer man hineindenkt, hineinmeditiert in diese Bildworte, um so lebendiger erfaßt der Christ, daß hier eine in der Tiefe stattgefundene Veränderung gemeint und vorausgesetzt ist, welche in dem Bildwort Salz und Licht angesprochen ist. Christus redet in die Tiefe des Unbewußten hinein und fordert zu neuem Sein, zu neuem Tun heraus!
In den Versen 17–20 wird von einer neuen und besseren Gerechtigkeit gesprochen, die wahrgenommen und verinnerlicht werden darf; einer besseren Gerechtigkeit als die der Schriftgelehrten und Pharisäer. Es geht hier um die neue »Glaubensgerechtigkeit« gegenüber einer Werkgerechtigkeit. Die Werkgerechtigkeit, welche aus der Anstrengung des Verstandes, des Willens herrührt, also Ausdruck menschlicher Kraft ist, die scheitern muß angesichts der tieferen und schwereren Aufgaben, die Jesus der

Glaubensgerechtigkeit zumutet. So zeigt sich beispielsweise angesichts des Todes eines wenig geliebten Menschen primär ein Aufatmen der Erleichterung, ein Gefühl der Entspannung, und man entdeckt spontan, daß dieses Gefühl dem wirklichen Liebesgebot »Liebet euere Feinde« nicht entspricht. Es zeigt sich die Hilflosigkeit des eigenen Willens angesichts dieser Aufgabe. Hier ist es nun tröstlich und erbarmend, daß Jesus ein hohes Maß setzt, aber für diesen Maßstab nicht nur die Forderung nach Liebe stellt, sondern das Gesetz einer neuen Liebe selbst in die Tiefe des Unbewußten hinabsenkt, so daß real eine neue Gerechtigkeit möglich wird, nämlich die Gerechtigkeit der Vollkommenheit, die allein vor Gott gilt. »Ihr sollt vollkommen sein, wie euer Vater im Himmel vollkommen ist.«
In den Versen 21–26 werden diese Absolutheitsansprüche auf die Spitze getrieben in den Aussagen: »Ich aber sage euch«: Die Absolutheit der sexuellen Reinheit, der ehelichen Treue wird verknüpft mit radikalen Forderungen, das Böse auszureißen, das Ärgernis Erregende abzuhacken bis hinein in die innersten leiblichen Bedürfnisse. Vers 29: Ärgert dich dein rechtes Auge, so reiß es aus. Dieses Bildwort, welches von psychisch Kranken wortwörtlich verstanden werden kann, meint in der Sprache Jesu, daß ein unbewußter Seelenanteil an das Böse gekettet ist und darum ausgerissen werden soll. Diese unbewußten, Ärgernis erregenden, an die Sünde gebundenen »Seelenanteile« werden durch konkrete Handlungsanweisungen Jesu verdeutlicht, ans Licht gebracht, aufgedeckt, analysiert, um der einzig wahren Therapie zugeführt zu werden: Sie sollen ans Kreuz Jesu geschlagen und dort ausgelöscht werden. Diese Therapie gilt für unreine Gedanken, Phantasien der Untreue, der Eifersucht, des Hasses, des Neides, des Hochmuts, der Besserwisserei, der Faulheit, der ungezügelten Triebhaftigkeit, des Stolzes, der Habsucht usw. Alle diese Phantasien in uns kommen zur Wirkung in den Gliedern des Leibes; sie werden deutlich in dem, was die Hand tut, das Auge sieht, das Herz fühlt. An dieser Stelle muß die Therapie einsetzen (siehe auch Kap. 3, 3).
In den Versen 33–42 wird diese Therapie weiter ausgebaut! Es geht hier um Ausdrucksweisen des Unbewußten im Schwur an den Eid auf den »Führer«, die »Bindung an eine Ideologie«, welcher, da er aus der Tiefe des Unbewußten kommt, einer inneren Triebhaftigkeit entspringt, die in der Regel in die falsche Richtung läuft. Darum das klare Absagegebot Jesu an dieses Verhalten. In den Versen 43–48 ist in herausragender Weise von der Feindesliebe die Rede. Dieses absolute Liebesgebot zu erfüllen, ist nur

demjenigen möglich, der aus der Tiefenheilung herkommt. Der durch den Heiligen Geist innewohnende Christus vermag alleine dieses Gebot zu erfüllen. Die Innewohnung Jesu Christi im Herzen, im Unbewußten ist die Antwort auf diese in Vers 48 geforderte Vollkommenheit (siehe auch Kap. 3.3.1 und 4.4.4).

4.5.2 *Die Vaterschaft des neuen Reiches: Gott – der Vater*

In den drei Kapiteln des Matthäus-Evangeliums 5, 6 und 7 wird der Name »Vater« im ganzen 16mal erwähnt. Diese Vaterschaft steht in engster Beziehung zu der Jesus-Aussage »Ich aber sage euch«! Was sagt er uns? Erkennt es doch, achtet doch darauf, daß Gott im Himmel, der Schöpfer Himmels und der Erde – euer Vater ist. Ich verkündige euch diesen Vaternamen Gottes, ich verkündige euch die Kindschaft! Beachtet es doch, spürt es doch, laßt es doch in die Tiefe eures Unbewußten fallen! Hört es doch! Das Hören dieser Botschaft ist Kraft, Gnade, Leben. In diesem neuen Leben ist das alte Leben relativiert, die alte Vernunft, das alte Denken in seine Schranken verwiesen. Indem ich euch sage, daß ich, der Sohn, da bin, ist alles neu geworden! Denn durch mich wird der Schöpfer Gott euer Vater. Darum ist das Himmelreich nahegekommen, die Königsherrschaft der Himmel hat begonnen.

Offenbar weiß Jesus, daß der Geist dieser Kindschaft etwas zutiefst Unbewußtes ist; ein Geschenk, eine Gnade, welche demjenigen widerfährt, der anfängt zu begreifen, was Jesus meint. Was demjenigen widerfährt, der anfängt, sich beschenken zu lassen.

Dietrich Bonhoeffer drückt diese Beziehung zwischen der alten und der neuen Welt, von der Jesus hier redet, folgendermaßen aus: »Gott, zu dir rufe ich. In mir ist es finster, aber bei dir ist das Licht. Ich bin einsam, aber du verläßt mich nicht. Ich bin kleinmütig, aber bei dir ist die Hilfe. Ich bin unruhig, aber bei dir ist der Friede. In mir ist Bitterkeit, aber bei dir ist die Geduld. Ich verstehe deine Wege nicht, aber du weißt den Weg für mich.«

Diese *Kontrasterlebnisse,* die jedem Menschen widerfahren, der sich auf den Weg gemacht hat, ja der durch die Gnade auf den neuen Weg der Nachfolge gesetzt worden ist, in jedem Menschen, der Kind Gottes geworden ist, diese Kontrasterlebnisse wachsen immer wieder neu und prägen neue Erfahrungen. Indem er seine Kindschaft erkennt, erkennt der Christ die Vaterschaft Gottes. Die Wahrnehmung, der allmächtige, barmherzige Gott ist mein Vater in Jesus Christus, erlöst von dem Tun des Irdischen in seiner Abhängigkeit zu dem Irdischen. Es ist ein eigentümliches Gesetz,

daß diese Erlösungskraft nur wirksam wird, wenn sie eingebettet ist in die Tiefe unseres Unbewußten: wenn gleichsam von unten her, aus der Tiefe her, aus der Innenwahrnehmung des Herzens heraus diese Impulse kommen: Vertraue doch, er ist mein Vater, ich bin sein Kind. Diese Neuerinnerung, diese Wiedererinnerung an das verlorene Paradies, welche Jesus uns gebracht hat, indem er den Weg zurück, an dem Cherub vorbei, gebahnt hat, den Weg zurück zu dem Baum des Lebens: Diese Rückkehr in die Urbeziehung des Menschen vor dem Fall: ungetrübte Gemeinschaft mit dem Lebendigen zu haben: Genau dies ist hier in der Bergpredigt angesprochen, wenn Jesus erneut verkündigt, dieser Gott im Paradies, welcher Adam seinen Sohn, Eva seine Tochter nannte: Dieser Vater-Gott ist euer Gott, und ich, Jesus, bin es, der dieses neu bezeugt. Darum: Ich aber sage euch, wer ein Weib ansieht . . .; ich aber sage euch, ärgert dich dein rechtes Auge . . .; ich aber sage euch, wer sich von seinem Weibe scheidet . . .; ich aber sage euch, ihr sollt nicht schwören . . .; ich aber sage euch, daß ihr nicht widerstreben sollt dem Übel . . .; ich aber sage euch, liebet eure Feinde . . .; ich aber sage euch: Sorget nicht für euer Leben! –
Diesen Grundgedanken nimmt Jesus im Vaterunser-Gebet wieder auf: »Dein Reich komme. Dein Wille geschehe. Unser täglich Brot gib uns heute. Und vergib uns unsere Schuld. Denn dein ist das Reich.« – Diese Gebetsgedanken sind Sehnsuchtsgedanken aus der Tiefe des heilgewordenen Unbewußten.

4.5.3 Die Unbedingtheit der Vergebungs- und Versöhnungsbereitschaft: weiteres Kennzeichen des neuen Reiches.

In den Versen Matthäus 6, 14–18 betont Jesus die Unbedingtheit der Vergebungs- und Versöhnungsbereitschaft. Jesus erinnert daran, daß – wie im Gleichnis vom Schalksknecht erneut aufgeführt – die fehlende Vergebungsbereitschaft den Segen des Vaters im Himmel unmöglich macht! Wer mit seinem Bruder oder auch mit seinem Feind unversöhnt lebt – welch ungeheure Aussage! –, kann nicht erwarten, daß Gott ihm Versöhnung gewährt. Dieser Vater im Himmel, der barmherzige Gott, ist zugleich der allmächtige und gerechte Gott – er will Vollkommenheit seiner Kinder. Er will, daß die gewährte Gnade neues Leben der Versöhnung und Vergebungsbereitschaft schafft. In der Seelsorge spüre ich immer wieder diese Riesengefahr und auch diese Schwierigkeit: daß einerseits Menschen in Abhängigkeit zu ihren Mitmenschen geraten, indem sie sich selbst verleugnen, ihre eigenen natürlichen Rechte nicht wahrnehmen und dadurch schuldig werden an sich selbst, andererseits aber, wenn sie gelernt haben, ihre natürlichen Rechte in Anspruch zu nehmen – etwa das älter gewordene mündige Kind Vater und Mutter verlassen muß, wenn es selbständig und reif werden soll – diese Abgrenzungsbemühungen verbunden sind mit dem Groll und der Bitterkeit gegenüber den Eltern.

An dieser Stelle ist noch einmal auf die sehr wichtige Beziehung von Versöhnungsarbeit und Abgrenzungsarbeit (siehe Kap. 3.7) hinzuweisen. Die von Jesus in Matthäus 6 herausgestellte Unbedingtheit der Vergebungs- und Versöhnungsbereitschaft bezieht sich auf familiäre und gemeindliche Beziehungsbereiche. In der Familie sowohl wie auch in der Gemeinde gelten diese Grundsätze der Versöhnung. Aber auch gerade hier zeigt sich mit scharfer Deutlichkeit, daß es unterschiedliche Gruppen, unterschiedliche Begabungen, unterschiedliche Dienstaufträge gibt, die mit verschiedenen Gaben verknüpft sind. Während das Neue Testament die Einheit des Geistes, des Glaubens, der Taufe, des einen Herrn betont, wird andererseits auf diese Unterschiedlichkeit der Gaben und Aufträge hingewiesen (1. Kor. 12, 4–11; Eph. 4, 4–16). Diese differenzierte Vielfalt zur Gestalt zu bringen, ist äußerst schwierig und stellt an die Gemeinde und deren verantwortliche Glieder und Leiter hohe Anforderungen. Ohne das apostolische Amt der Leitung und das prophetische Amt der Wegweisung kann diese Vielfalt sicher nicht zutreffend zur Entfaltung kommen. In diesem Zusammenhang ist für mein Gefühl besonders hilfreich, die Verbindung von Versöhnungsarbeit und Abgrenzungsarbeit immer wieder neu durchzudenken und für den konkreten Fall anzuwenden. Wer bin ich – wer ist der andere? Wo sind unsere Möglichkeiten, unsere Grenzen, unsere Unterschiede in dem, was wir denken und tun. Das Bild des Leibes Christi und seine Vielgliedrigkeit ist äußerst hilfreich in der Wahrnehmung dieses doppelten Prinzips. Niemals kann das Auge zur Hand sagen: Ich brauch' dich nicht, oder die Hand zum Fuß – du bist uninteressant. Die Unterschiedlichkeit der Glieder kann gerade darin zur schöpferischen Entfaltung kommen, indem sie zusammenwirken unter der Leitung des einen Hauptes.

Ähnliche Gesichtspunkte gelten sicher für die Familie; je zahlreicher die Familiengruppe, um so wichtiger sind die verschiedenen Aufträge von Vater, Mutter und den einzelnen Kindern. Jedes hat seinen eigenen Namen, seine eigene Bedeutung, seinen eigenen Auftrag und seine eigene Grenze zum Gelingen des Ganzen. Es ist ohne weiteres ersichtlich, daß das Gelingen des Ganzen nur bei optimaler Versöhnungsbereitschaft, d. h. bei dem Willen zur Einheit, zur Einmütigkeit gelingen kann. Diese Gesichtspunkte scheinen mir auch von äußerster Relevanz für die Beziehung unterschiedlicher konfessioneller und denominationeller Gruppierungen. Auch hier geht es im Grunde nicht um Spaltung, sondern um Versöhnung der unterschiedlichen Gruppen, und Versöhnung wiederum kann nur gelingen, wenn die Abgrenzung der einzelnen Gruppen im positiven Sinne gewährleistet sein darf. Hier ist das gemeinsame Gespräch notwendig. Theologische Unterschiede sind oft nur ein Vorwand, nicht die wirkliche und wahre Ursache von Spaltungen. Sie könnten vermieden werden, wenn die Bedeutung der positiven Abgrenzungsarbeit erkannt und das primäre Jesus-Gebot der Einmütigkeit so stark verinnerlicht wäre, daß bei Wahrung der Abgrenzungen gerade deshalb auch »versöhntes Leben« gewollt werden kann.

Am Beispiel der Beziehung zwischen evangelikalen und charismatischen Christen soll das Problem der Spaltung kurz erläutert werden. Es ist klar, daß dieses komplizierte Thema hier nicht umfassend behandelt werden kann; doch liegt mir aus tiefenpsychologischer Perspektive diese Erläuterung sehr am Herzen, und ich möchte versuchen, einige Gedanken aus dieser Perspektive beizutragen. – Eine

psychotherapeutische Analyse der wahren Hintergründe dieser Spaltung könnte zeigen, daß ein wesentlicher Aspekt dieser Spaltung zusammenhängt mit einer unbewältigten Vergangenheit. Die um die Jahrhundertwende aufbrechende Pfingstbewegung hat insbesondere durch die Ereignisse im Rahmen der Kasseler Zungenbewegung einen begründeten und heftigen Widerspruch heraufbeschworen, der in der »Berliner Erklärung« einen theologischen Ausdruck gefunden hat. Eine theologische Auseinandersetzung mit der Pfingstbewegung versucht Erich v. Eicken in seinem Buch »Heiliger Geist – Menschengeist – Schwarmgeist«. Dieses Buch, so scheint mir, ist eine sehr gute Darstellung, in der auf der einen Seite eine theologische Abgrenzung, auf der andern Seite das geistliche Problem der »Heiligung« in Verbindung mit den Geistesgaben in einen inneren Zusammenhang gebracht wird. Aus heutiger Perspektive kann gesagt werden, daß in diesem Buch der theologische Versuch einer Versöhnungsarbeit und Abgrenzungsarbeit geleistet wird, dahingehend, daß Wort-Theologie und Geist-Theologie in einem biblisch relevanten Verhältnis gesehen werden.
Demgegenüber ist aber trotzdem festzuhalten, daß in der Glaubenspraxis diese in die Tiefe der Vergangenheit zurückreichenden »Glaubensunterschiede und Frömmigkeitsstile« ein unbewußtes Mißtrauen gegeneinander auch heute noch bewirken. In diesem hintergründigen, unbewußten Mißtrauen spielen, Scham-, Schuld- und Angstgefühle auf beiden Seiten offenbar eine große Rolle. Den evangelikalen Christen scheint eine eigentümliche Berührungsangst eigen: etwa von einem Geist der Verführung überwältigt zu werden, wenn man sich charismatischen Impulsen öffnet. Auf der andern Seite, auf der Seite charismatisch geprägter, extremer Pfingstgruppen besteht die Gefahr eines eigenartigen Meinens und Wähnens – besser zu sein, reifer zu sein, mehr zu haben, tiefer eingedrungen zu sein in die Geheimnisse Gottes durch tiefergehende Erfahrungen mit dem Heiligen Geist. Diese unterschiedlichen Glaubenspositionen, die oft von der Gegenseite nicht verstanden und durchschaut sind, verhindern eine vertrauensvolle Zusammenarbeit im Sinne der »bezogenen Individuation«, – nämlich den Versuch, auch mit anders geprägten Glaubensgemeinschaften etwas Gemeinsames zu wagen. In der Regel, so scheint es, ist es ein tiefes, unverstandenes, emotionales Mißtrauen, welches die Einmütigkeit verhindert, weniger die »andere Theologie«. Bei charismatisch geprägten Christen scheint ein starkes, oft unreflektiertes Bedürfnis nach immer neuen Gnadenerlebnissen vorzuherrschen, welches ein Leben der konsequenten Stetigkeit der Nachfolge erschweren könnte; bei den evangelikal geprägten Christen scheint die Theologie der Rechtfertigung und Heiligung gelegentlich festzulaufen und einzumünden in eine Angst vor der spontanen Wirkungsmacht des Heiligen Geistes, der über die Richtigkeit einer erkannten Theologie hinaus zu wirken vermag.
In der Sprache der Tiefenpsychologie von C. G. Jung könnte man sagen: Die Evangelikalen projizieren ihren Schatten auf die Charismatiker und verfolgen in ihnen das verleugnete Bedürfnis nach einer gefühlsstarken Erlebnisfrömmigkeit bei zu starkem Hervorheben der damit verbundenen Gefahren! – Die Charismatiker hingegen projizieren ihren Schatten auf die Evangelikalen und verharmlosen die »teure Gnade« (D. Bonhoeffer), welche das Lebensgesetz des Glaubens als ein Sterbensgesetz aufweist. So könnte eine überzogene Wort-Theologie der Evangelikalen einer überzogenen Geist-Theologie der Charismatiker gegenüberstehen (siehe auch Kap. 4.4). Mir scheint, daß die Theologie des Apostels Paulus beide Aspekte, den evangelikalen und charismatischen, verbündet, verbindet, versöhnt und zugleich abgrenzt, indem diese Theologie rationale und emotionale Elemente des Glaubens zusammenfaßt. Anders ausgedrückt: Die Wirklichkeit des natürlich-kreatürlich Geschöpflichen – die Seele des Menschen in ihrer Struktur der

Gefallenheit wird nicht entwertet, sondern zu einem Objekt göttlicher Heilung, indem sie durch Sterben und Auferstehen – durch das Opfer Jesu Christi verbunden bleibt mit Gott dem Schöpfer und Gott dem Versöhner. Menschliches und Göttliches treffen aufeinander und versöhnen sich durch Sterben und Auferstehen. Noch einmal anders formuliert: Bei Paulus, so scheint mir, gehören Fühlen und Denken zusammen; sie sind wesentliche Elemente seiner Theologie. Sein Denken begründet die Wort-Theologie; sein Fühlen macht Raum für die Geist-Theologie. Wort und Geist sind zu einer Theologie verschmolzen. So könnte man vielleicht auch sagen: Evangelikales und charismatisch geprägtes Christsein – mit allen abgrenzenden Unterschieden und allen versöhnenden Verbindungen gehören bei Paulus und seiner Theologie zusammen. Abschließend wäre zu fragen, ob unter geistlich-seelsorgerlichem Aspekt dieser Spaltung vermutet werden müssen auf das Unbewußte des gläubigen Menschen einwirkende Mächte der Finsternis, die diese Spaltung verfestigen und verewigen möchten! In diesem Zusammenhang ist das Schriftwort 2. Korinther 2, 11 zu erwähnen: »Auf daß wir nicht übervorteilt werden vom Satan; denn uns ist nicht unbewußt, was er im Sinn hat.« – Nach diesem Exkurs von Schwierigkeiten der Versöhnungs- und Abgrenzungsarbeit zwischen Gemeinden, Konfessionen und den damit verbundenen »Frömmigkeitsstilen«, welche in der Regel unbewußte Beziehungsängste, Enttäuschungen im Miteinander-umgehen, aufweisen, kehren wir zum Ausgangsthema zurück.

Besonders schwierig und ein Testfall für das heilgewordene Unbewußte oder das unheil gebliebene Unbewußte ist das Gebot der Elternliebe: Hier zeigt sich, ob im Innersten Heilung gewachsen ist.
In dieser Testfrage spürt der einzelne, wie tief in ihn göttliches Leben eingedrungen ist, ob es die Tiefen des Unbewußten, die Tiefen des Hasses, die Tiefen von Neid, Scham, Schuld, Stolz, Hochmut, Bitterkeit, die Tiefen der Vergangenheit erfaßt hat – oder nicht. Zusammengefaßt ist festzustellen, daß einerseits übertriebene Schuldgefühle der Kinder bei notwendigen Abgrenzungsbemühungen den Eltern gegenüber Zeichen der Unerlöstheit sind, andererseits aber auch festgehaltener Groll und Bitterkeit den Eltern gegenüber, gegenüber ihren früheren Versagungen, Zeichen der Unerlöstheit beinhalten. In der Seelsorge ist sehr sorgfältig auf die Doppelzüngigkeit des menschlichen Unbewußten zu achten: Einerseits möchte der unreif gebliebene Mensch auf den Loslösungsprozeß verzichten, die Schuldgefühle gegenüber den Eltern zeigen das; auf der andern Seite gelingt dem reif gewordenen jungen Menschen sehr schwer die wirkliche Elternliebe. Beides ist notwendig für Heilung des Unbewußten.

4.5.4 *Die Beziehung zum Geld: eine heikle Frage der Reichszugehörigkeit*

Die entscheidende Frage Jesu lautet: Wo ist dein Schatz? Woran hängt dein Herz? Ist es der Mammon? Oder das Reich Gottes? Beim Nachsinnen über diese Verse 19–24, Matthäus 6, wurde mir deutlich, daß jener Aufruf nach dem ungetrübten, unbefangenen, ungeheuchelten Sehvermögen, wenn dein Auge einfältig ist – eine Sehnsucht in der Tiefe des Herzens erwecken möchte. Eine Sehnsucht auf Hoffnung hin! Wenn das alles noch nicht in dir ist, so jage ihm nach, spüre doch, daß es noch fehlt und ergreife dieses Erlösungsgut, ergreife diese Vaterschaft Gottes. Auf dieses neue Sehvermögen, auf dieses neue Wahrnehmungsvermögen kommt es an – um die Entscheidung zu treffen für den richtigen Schatz. In den Versen 25–34 wird nämlich eine der wesentlichen Folgen des Urmißtrauens herausgestellt: die Sorge, das Sorgenmüssen für Leib, Leben, für Hab und Gut – eine zutiefst heidnische Haltung. Die Erlösungsfrage lautet: Gibt es in meinem Herzen dieses Urbedürfnis nach dem Reich Gottes? Kenne ich diese Sehnsucht, diesen Hunger nach der göttlichen Gerechtigkeit in mir – für alle Menschen? Kenne ich diese Sehnsucht nach sozialer Gerechtigkeit? Nur dann ist die Frage nach dem Geld – gelöst!

4.6 **Die Heilung des Unbewußten heißt »Innewohnung« Jesu Christi**

Die in der Bergpredigt thesenhaft aufgezeigten Forderungen sind in Wahrheit Eigenschaften des Gottessohnes, der als Menschensohn sie verwirklicht hat. Das Gesetz des Geistes im Menschen ist die Kraft dieser Verwirklichung. Durch Teilhabe des Jüngers an Christus in der neugewonnenen Beziehungsrealität entfaltet sich in ihm, in seinem Unbewußten, das Gesetz des Geistes und setzt stufenweise, schrittweise das Gesetz der Sünde mehr und mehr außer Kraft.

4.6.1 *Jesus Christus, eine Person – will Vergegenwärtigung und Verinnerlichung durch den Glauben!*

In diesem Sinne sind die *Aussagen der Bergpredigt ohne die Person Jesu, außerhalb der Beziehung zu ihm, nicht deutbar, nicht wahrnehmbar, nicht verstehbar und auf keinen Fall anwendbar*. Der Seelsorger kann daher nur Jesus Christus bezeugen als den, der ihm hier und jetzt durch seinen Geist gegenwärtig ist, handelt und eindringen will in das Unbewußte. Der Seelsorger ist bemüht um Vergegenwärtigung der Person Jesu Christi im Gespräch mit dem Hilfesuchenden. In dieser Vergegenwärtigung wird die aktuelle Beziehung der beiden Gesprächspartner als hörende, schweigende, aufeinander zugehende und sich voneinander abgrenzende Beziehung spürbar und als Dreiecksbeziehung wahrgenommen:

In dieser Dreiecksbeziehung waltet die unsichtbare Gegenwart Jesu Christi durch seinen Geist; die seelsorgerliche Kurzformel lautet: Jesus in die Beziehung hereinlassen. Dies bedeutet Vergegenwärtigung. So lautet die ständig anwesende Geistvorschrift des Seelsorgers: Jesus in die Beziehung hereinlassen, in welcher das Innere des Hilfesuchenden als das Unbewußte, das Verschwiegene, das schamhaft Verborgene erspürt, an die Oberfläche gebracht werden soll, damit der auf Erlösung harrende und darauf angewiesene Mensch es spürt: das Heil in Jesus Christus will mir begegnen, es wartet auf mich, es ist gegenwärtig, es will verinnerlicht werden, in mein Inneres hinein.
Hierbei ist von besonderer Bedeutung die Wahrnehmung, daß Jesus, der damalige, auch der heutige ist. Vergangenheit, Gegenwart und Zukunft sind bei ihm *eine* Zeit. Eine Zeit, die im Hier und Jetzt in Erscheinung tritt. »Ich bin das Brot des Lebens«, sagt Jesus und meint damit, daß er selbst in seiner Anwesenheit vergegenwärtigt und verinnerlicht werden darf.

4.6.2 Vergegenwärtigung und Verinnerlichung Jesu Christi – ist gnadenhaftes Ereignis, es ist ein Prozeß!

Der Vers von Helmut Lamparter »Dir will ich mein ganzes Leben öffnen, all mein Tun und Streben sei von deinem Geist erfüllt; leite mich auf ewigem Pfade, führ' zum Ziel das Werk der Gnade, präge mich nach deinem Bild!« – dieser Vers vermittelt einen Eindruck des gnadenhaften Geschehens in der Begegnung mit Christus. Begegnung durch Wort und Geist. In Wortereignissen und biblischen Berichten, in denen von Aufbruch und Auszug, von Umwendung, Umkehr, Veränderung, Befreiung, von Nachfolge und Leiden die Rede ist – wirkt das Gesetz der Gnade. Gnade ist Geschehen, Handeln Jesu Christi an den Menschen. Gnade wird passiv empfangen, um sich alsbald aktiv wieder zu verschenken. Christus gibt sich zu erkennen, um alsbald den Begnadeten zu den Armen, den Unglücklichen, den Ausgestoßenen, den Erniedrigten zu senden. Er erfüllt mit Glückseligkeit, um Brücken zu schlagen zwischen Reichen und Armen, Glücklichen und Unglücklichen, Erfolgreichen und Unterlegenen, zwischen Gesunden und Kranken, zwischen Verfolgern und Verfolgten. So verstanden ist göttliche Gnade immer teure Gnade. Sie kostet den Preis eines ganzen Lebens der Hingabe. Gnade ist darin äußerer Ausdruck einer inneren Behütung. Psalm 17, 8: »Behüte mich wie einen Augapfel im Auge.« Oder Römer 14, 8: »Im Leben wie im Sterben gehören wir dem Herrn.« Jochen Klepper drückt dieses Geheimnis in folgendem Vers aus: »In jeder Nacht, die mich umfängt, darf ich in deine Arme fallen, und du, der nichts als Liebe schenkt, wachst über mir, wachst über allen, du birgst mich in der Finsternis, dein Wort bleibt noch im Tod gewiß.« Diese gnadenhafte Veränderung vermittelt der Seelsorger. Er steht selbst in diesem Wachstums- und Werdeprozeß. Er ist Partner, Wegbegleiter und Führer auf diesem Pfad der Nachfolge.

4.6.3 *»Jesus in die Beziehung hereinlassen«, Finsternis wandelt sich in Licht*

Heilungserlebnisse sind, so könnte man auch sagen, Kontrasterlebnisse. Heilung gehört dem Kranken, Licht ist geschaffen für die Finsternis, die Kraft der Vertrautheit für den, der in Angst ist. Die Geheimnisse des Himmelreiches sind für diejenigen, die arm sind um des Herrn willen, die um der Gerechtigkeit willen verfolgt werden. Göttliches will zutiefst in Menschliches, wo das Menschliche in uns, das Herz, die Tiefe unseres Unbewußten sich für das Göttliche öffnen, da wachsen aus Dornen Rosen, da werden Verheißungen entdeckt und Wasserströme in der Einöde wahrgenommen. Das Sprichwort »Keine Rose ohne Dornen« wandelt sich: »Kein Dorn ohne Rose.« Christus nimmt das Böse in uns an, er nimmt es auf und hinterläßt einen Frieden der Seele! Galater 1, 4: »Jesus Christus hat sich selbst für unsere Sünden dahingegeben, um uns herauszureißen aus der Macht, aus der Nacht dieser gegenwärtigen bösen Weltzeit, nach dem Willen Gottes, unseres Vaters!«

4.6.4 »Jesus in die Beziehung hereinlassen«, Aufhebung der Gespaltenheit des Menschen in Gut und Böse.

Kein Mensch ist in seiner Tiefe ganz böse, keiner ist ganz gut; das Gute neutralisiert das Böse, das Böse neutralisiert das Gute. In dieser Interaktion sind wir Menschen ganz menschlich. Gerade darin aber ist der Mensch ein Sünder, und sein Sündersein ist gerade in dieser Vermischung, welche das Unbewußte charakterisiert, böse und darin ist er gelähmt. Solange diese beiden unterschiedlichen, in spannungsvollen Gegensätzen aufeinander bezogenen Gefühlsqualitäten sich immer wieder ausgleichen und die Waage halten, ist der Mensch scheinbar gesund, an der Oberfläche normal, geordnet, »symptomlos« – bis aktuelle Konflikte oder Grenzsituationen dieses scheinbare Gleichgewicht verschieben, ein Ungleichgewicht deutlich wird und Symptome aufbrechen: Dann tritt das Aggressive, das Unbarmherzige, der Haß, die Ungeduld, der Neid, die Eifersucht, die Angst, die Sorge hervor – die Gesamtheit der narzißtischen Grundbedürfnisse des Menschen, sie drängen an die Oberfläche, überwältigen und töten das sogenannte Gute im Menschen. So formuliert Albert Einstein: »Die Probleme liegen nicht in der Atombombe, sondern in der Explosivkraft des menschlichen Herzens für das Böse«! Dieses bereits wahrgenommene Gesetz der Sünde entlarvt einen Urwiderstand, ein Urmißtrauen des Menschen gegen Gott, der seit dem Sündenfall entsprechend dem Menschenbild der Bibel feststellbar ist und zu tun hat mit seiner Gottverlassenheit, seiner Trennung von Gott. Diese Urtrennung ist eine anthropologisch-existentielle Wirklichkeit, erst im nachhinein wird sie zu einer moralischen Größe. Aus der Anthropologie der Sünde entfaltet sich das Ethos der Sünde!

Für den an biblischen Maßstäben orientierten Anthropologen ist unmißverständlich klar, daß diese Macht des Guten und Bösen ihre eigentliche Wurzel hat in jener Macht, welche die Bibel »den Bösen«, den Satan, den Diabolus, den Widersacher nennt. Es ist anthropologisch von höchster Relevanz, daß diese Wurzel des Bösen nicht verleugnet werden darf, sondern zu definieren, zu benennen ist als – der Böse. Die Benennung ermöglicht erst die klare Überwindung! An dieser Stelle wird erneut deutlich die ungeheure Bedeutung des stellvertretenden Kreuzestodes Jesu Christi für die Anthropologie: Christus hat der Schlange den Kopf zertreten. Dieses Bildwort besagt die Entmachtung, die Überwindung des Bösen als Person.

4.7 Heilung des Unbewußten heißt Versöhnung mit der gefallenen Schöpfung

Nach dem bisher Gesagten kann der letzte Versöhnungsschritt, die Versöhnung mit der gefallenen Schöpfung, die Versöhnung mit Gott, dem Schöpfer – gewagt werden. In früheren Kapiteln, Versöhnungsschritte 3.3.2, wird in erster Näherung das Thema der Versöhnung angedeutet; in den letzten Abschnitten weiter verdeutlicht. Versöhnung, Vergebung vollzieht sich in Stufen. Versöhnung mit meiner Vergangenheit, Versöhnung mit mir selbst, Versöhnung mit meinem Nächsten sind die Vorstufen dieses letzten Versöhnungsschrittes mit Gott, dem Schöpfer. In jedem dieser Schritte geht es um zunehmende Erkenntnis und Wahrnehmung, daß das Göttliche eindringen will in das Menschliche und daß das Göttliche mächtiger ist als das Menschliche. Dies ist ja auch das Thema der Bergpredigt Jesu. Je mehr Konflikte in mir herausreizen die Macht des unbewußten Bösen, um so größer will sich erweisen die Macht der Gnade: »Wo die Sünde mächtig geworden ist, ist die Gnade noch viel mächtiger geworden!« oder »Der, der in euch ist, ist stärker – als der in der Welt ist« (1. Joh. 4, 4). 2. Thessalonicher 3, 3: »Aber der Herr ist treu, der wird euch stärken und bewahren vor dem Argen.« Spaltungserlebnisse erinnern immer wieder an die »Autonomie-Verheißung der Schlange im Paradies«: »Ihr werdet sein wie Gott und erkennen, was gut und böse ist!« Dieses Erkenntnisvermögen von Gut und Böse als Spaltungsvermögen ist Kennzeichen des Unbewußten! Es ist aufgeteilt im Akt des Streites zwischen aggressiven und libidinösen Bedürfnissen. Der weitere Fortgang dieses Spaltungserlebens entscheidet vieles! Entweder das Spaltungserlebnis als Erkenntnisrealität des Guten und Bösen (siehe Abschnitt 3) wird beibehalten, es verfestigt sich zur Abwehr gegen Gott – oder es wird aufgegeben! Die Aufgabe dieser Gespaltenheit geschieht in der neugewonnenen Beziehungsrealität, welche Folge der Versöhnungsbereitschaft ist. In jedem Fall ist Versöhnung Ereignis geworden, wenn anstelle der Spaltung zwischen Gut und Böse Versöhnung getreten ist! Das Urgeheimnis der neuen Schöpfung lautet: Christus hat uns erlöst, indem er in Beziehung kommt zu dem Träger dieser Spaltung, dem gefallenen Menschen.

4.7.1 Versöhnung mit der gefallenen Schöpfung heißt auch Versöhnung mit dem *Chaos der Schöpfung,* mit den *Gespaltenheiten der Schöpfung.* Versöhnung mit dem Chaos der Schöpfung heißt, daß in diesem letzten Versöhnungsschritt jener Versöhnungsakt Gottes, welcher mit der Annahme des Heils in Christus begonnen hat, weiter und tiefer hineindringt in die chaotischen Schöpfungsbereiche. Es sind die Bereiche der politisch-wirtschaftlichen Verhältnisse, die Bereiche der Spaltung in unterschiedliche, sich zutiefst bekämpfende Lebens- und Daseinsbereiche: Versöhnung der Gespaltenheit religiöser, politischer, rassischer Gruppierungen; Versöhnung der Gespaltenheit zwischen arm und reich, Mann und Frau, hoch und niedrig, begabt und unbegabt, Freien und Sklaven, Abhängigen und Unabhängigen, Kranken und Gesunden, Entrechteten und Gewalthabern. Versöhnung soll eindringen in die Lebens- und Daseinstiefen großer Teile der Menschheit, dargestellt in dem Gedicht von Hugo von Hofmannsthal: »Ja, manche müssen drunten sterben, wo die dunklen Ruder der Schwermut streiten . . .«

Ein Gedicht von Hugo v. Hofmannsthal:

»Manche freilich . . .«

Manche freilich müssen drunten sterben,
wo die schweren Ruder der Schiffe streiten.
Andere wohnen bei dem Steuer droben,
kennen Vogelflug und Blende der Sterne.

Manche liegen immer mit schweren Gliedern
bei den Wurzeln des verworrenen Lebens,
anderen sind die Stühle gerichtet
bei den Sibyllen, den Königinnen,
und da sitzen sie wie zu Hause,
leichten Hauptes und leichter Hände.

Doch ein Schatten fällt von jenen Leben
in die anderen Leben hinüber,
und die Leichten sind an die Schweren wie
an Luft und Erde gebunden:

Ganz vergessener Völker Müdigkeiten
kann ich nicht abtun von meinen Lidern,
noch weghalten von der erschrockenen Seele
stummes Niederfallen ferner Sterne.

Viele Geschicke weben neben dem meinen,
durcheinander spielt sie alle das Dasein,
und mein Teil ist mehr als dieses Lebens
schlanke Flamme oder schmale Leier.

Dieses Gedicht vermittelt eindrucksvoll eine Wahrnehmung des Verfalls, des Hineinfalls in eine Schicksalsmacht, der kein Mensch mächtig ist: in die Macht einer Gespaltenheit des Oben und Unten. Doch auch in diesem Gedicht schwingt die Ahnung eines Ineinandergreifens der gespaltenen Pole mit: »und die Leichten sind an die Schweren, wie an Luft und Erde« gebunden. Die Leichten leben und die Schweren leben, das Gute und das Böse: Sie gehören zusammen und kommen aus einer Wurzel, um beide erlöst zu werden.

4.7.2 *Versöhnung mit der gefallenen Schöpfung heißt Versöhnung, Überwindung der »dämonischen Aspekte der Schöpfung«*
In dieser Aussage kommt der Totalitätsanspruch der Versöhnung zu seinem Endziel! Versöhnung in diesem Zusammenhang heißt,

daß der Fürst dieser Welt gerichtet ist! Christus sagt prophetisch: Er habe den Satan vom Himmel fallen sehen wie einen Blitz. Ein alttestamentliches Verheißungswort auf Jesus Christus hin lautet: »Derselbe wird dir den Kopf zertreten, und du wirst ihn in die Ferse stechen!« (Gen. 3, 15).

Diese umfassende und letzte Dimension der Versöhnung soll sich im einzelnen ausdrücken in einer Tiefenversöhnung, welche auch den Feind lieben kann und letztlich auch bejahen kann – das Chaos der Schöpfung! Hier scheitern viele Christen. Die Frage nach der Zulassung Gottes, die Frage nach den Erschütterungen, Grausamkeiten und Ungerechtigkeiten dieser chaotischen Welt, die Gott angelastet wird, kennzeichnet die Unversöhnung. Das Vertrauen, daß endlich und schließlich Gott selbst dieses End-Chaos aufheben wird – dieser Totalitätsanspruch der Versöhnung wird nicht akzeptiert. Es gibt fundamentale Zweifel an der Versöhnungsmacht Gottes angesichts der Tatsache des Abfalls, angesichts der Wahrnehmung, daß – »Auschwitz« möglich war, daß Tausende unter Ungerechtigkeiten leiden und hungern, während andere in grenzenloser Herrschaftsmanier Macht ausüben. Gerade hierin aber liegt eine entscheidende Krise der Versöhnungsannahme: *Der Mensch stößt hier an Grenzen des Erkennbaren, an Möglichkeiten seiner Versöhnungswahrnehmung!* Hier soll erkannt werden, daß Versöhnung endgültig nicht Sache einer Erkenntnis, sondern Sache einer neugewonnenen Beziehung des Menschen zu dem Schöpfer-Gott geworden ist; denn dieser Schöpfer-Gott ist sein Vater. In diesem letzten Versöhnungsschritt geht es darum, daß ich Vertrauen habe in die Zukunft Gottes, der allein schaffen wird, was nicht verstehbar, nicht begreifbar ist, aber bezeugt und angebetet werden darf. Gott ist ein versöhnender Gott, auch außerhalb meines Wahrnehmungsvermögens. Wie durch Wunder hindurch wird er allein die Schöpfung in ihrer Gesamtheit zu einer Versöhnung bringen – in der Schaffung eines neuen Himmels und einer neuen Erde (Offb. 21, 1–7).

Diese Aussagen stehen auch deutlich distanziert zu Gedanken der »Allversöhnung«. Der Gedanke der Allversöhnung nimmt menschlich etwas vorweg, was allein göttlich ist. Dieser Endschritt der Versöhnung kann nicht »gedacht«, er kann nur »geglaubt« und »angenommen«, »angebetet« werden.

In dieser Annahme der Endversöhnung Gottes – auch mit dem Chaos der Schöpfung ist die Versöhnungsmacht Jesu Christi als eine Erlösungstat zu ihrem Endziel gekommen.

4.7.3 *Endversöhnung lautet: Gott ist alles in allem, er allein ist Gott*

Ein früherer Grundgedanke soll diesen letzten Versöhnungsaspekt abschließen: Erfahrung ist Offenbarung!
In dem letzten Buch der Bibel, in der Offenbarung des Johannes, werden entscheidende Aussagen über diesen letzten Versöhnungsaspekt gemacht. Es fällt auf, daß angesichts der in diesem Buch aufgezeigten »Weltuntergangsperspektiven« – die Perspektiven einer neuen Zukunft Gottes in Gedanken des Lobpreises und der Anbetung ausgeführt werden. In diesen letzten Gedanken wird deutlich, daß die Gesamtheit der Unversöhnlichkeit innerhalb dieser Weltzeit, die totalitären Regime, die totalitären Machthaber an ihre Grenze kommen und Gott, der Versöhner, zuletzt sein Allmachtswort spricht: »Ich bin, der ich bin, ich werde sein, der ich sein werde.« In Offenbarung 22 sagt Christus – Verse 12 und 13 – »siehe, ich komme bald und mein Lohn mit mir, zu geben einem jeglichen, wie seine Werke sein werden. Ich bin das A und das O, der Anfang und das Ende, der Erste und der Letzte.« In Vers 17 wird der Versöhnungsgedanke abschließend ausgesprochen: »Und wer es hört, der spreche: Komm! Und wen dürstet, der komme, und wer da will, der nehme das Wasser des Lebens umsonst.«

5. Zusammenfassung, Nachwort

In dem Titel dieser Arbeit »Heilung des Unbewußten« – einige Aspekte biblischer Anthropologie und ihre Bedeutung für die Seelsorge – sollte auf eine biblische und zugleich tiefenpsychologische Wahrheit aufmerksam gemacht werden, nämlich auf die Wahrheit, daß unbewußte Prozesse im Menschen in der biblischen Anthropologie eine große Bedeutung haben, in der Regel aber nicht im eigentlichen Sinne wahrgenommen werden. Diese Arbeit sollte zeigen, daß die Arbeit des Seelsorgers mit diesen unbewußten Prozessen zu tun hat; daß somit diese Dimension des Unbewußten nicht allein der Humanwissenschaft der Tiefenpsychologie zugehörig ist.

Diese Wahrnehmungsschwierigkeit unbewußter Prozesse im Menschsein hängt nicht nur damit zusammen, daß sie in der Sprache der Bibel nicht ausdrücklich so benannt wird – es finden sich hierfür, wie zu zeigen versucht wird, andere Ausdrücke und Worte –; sondern es hängt auch damit zusammen, daß im Menschen sich erhebliche Widerstände gegen diese Dimension des Menschseins auftun. Darauf wird in verschiedensten Zusammenhängen hingewiesen!

Ein Hauptanliegen dieser Schrift ist es, diese Widerstandsmanöver des einzelnen gegen das Unbewußte aufzudecken. Diese Aufdeckungsarbeit ist mühsam, langwierig und erfordert den Willen zum Hören und zum Sehen. In biblischer Sprache wendet sich Jesus gegen diese Widerstände, indem er wiederholt nach seinen Reden die Formulierung verwendet: »Wer Ohren hat zu hören, der höre, wer Augen hat zu sehen, der sehe«; wir könnten fortfahren: »Wer ein Wahrnehmungsvermögen hat, der nehme es wahr!« Es ist bezeichnend, daß diese Formulierung auch in den Sendschreiben an die sieben Gemeinden im letzten Buch der Bibel, der Offenbarung des Johannes, wiederkehrt; ein Hinweis darauf, wie wichtig, wie schwierig das Hören auf diese Widerstände ist und wie fahrlässig die Glaubenden mit dieser Wahrnehmungsschulung umgehen und sie vernachlässigen.

In dieser Arbeit sollten einige Aspekte biblischer Anthropologie in ihrer Bedeutung für die »Seelsorge« angesprochen werden! *Mit voller Absicht wurden tiefenpsychologische-psychotherapeutische Gesichtspunkte zunächst außer acht gelassen.* Diese Arbeit soll einer weiteren Schrift vorbehalten bleiben!

In kleineren Schritten wurde ein längerer Weg gegangen mit dem

Ziel: Beginn, Vertiefung und Ausreifung der seelsorgerlichen Hilfestellung darzustellen! Hierbei wurden einzelne ausgewählte Evangelientexte und »Lehrtexte« in Form theologischer Exkurse angewandt. Sinn dieser Darstellung ist, dem einzelnen Leser vor Augen zu führen, daß seine eigene Biographie, seine Lebensgeschichte in diesen Texten vorkommt und der Ruf zur Umkehr, zur Veränderung gehört und wahrgenommen werden möchte!
Zwei Lebenszeugnisse und eine Fallgeschichte sollten die mehr grundsätzlichen Darstellungen biographisch verdeutlichen!
In den »Versöhnungsschritten« wird das Versöhnungsereignis Gottes in Jesus Christus als ein Erfahrungsereignis dargestellt. Die Wüstenwanderung des Volkes Israel sollte gleichnishaft verdeutlichen, welche Probleme auf diesem Versöhnungs-Wüstenwanderweg auftauchen, welche Schwierigkeiten sich in der Regel einstellen und wie sie überwunden werden können.
In dem letzten 4. Kapitel wird anhand der Bergpredigt Jesu gleichnishaft und lehrhaft zu zeigen versucht, daß der Ausdruck »Heilung des Unbewußten« sowohl die Tiefe des Menschseins als auch die Breite, die Ganzheitlichkeit des Menschseins erfaßt und Vergangenheit, Gegenwart und Zukunft des Menschen als *eine* Zeit vor Gott lebendig werden lassen möchte. Bei dieser Neuorientierung menschlicher Maßstäbe, einer Umwertung aller Werte geht es ganz entscheidend um den Anbruch der Königsherrschaft Gottes auf Erden und um die Zugehörigkeit zu diesem neuen Reich. Bei dieser Zugehörigkeit zeigen sich mehrere Glaubensaspekte; Aspekte des Vertrauens an den dreieinigen Gott, den Vater, den Sohn, den Heiligen Geist, die in ihrer Ganzheit notwendig sind, um zu erfassen und zu verinnerlichen die Universalität und Totalität des Erlösungsopfers Jesu Christi. Oder anders ausgedrückt: In dem Glauben an den dreieinigen Gott zeigt sich erst die Länge, Breite, Tiefe und Höhe des Erlösungsanspruches (Eph. 3, 18).
Während in den Kapiteln 4.4.1 bis 4.4.4 dieser Totalitätsanspruch der Erlösung dargestellt wird an diejenigen, die sich dafür öffnen, wird im letzten Kapitel 4.7 versucht, dieses Erlösungsereignis auch auf die gefallene Schöpfung hin auszudehnen. Hierbei sind Perspektiven der Zukunft, die auf Hoffnung hin wahrgenommen werden müssen, unerläßlich. Das Ziel ist nicht eine Allversöhnung, sondern die Endversöhnung, deren Geheimnis Gott allein kennt, welches er allein zur Auswirkung, zur Ausformung bringt! Alles menschliche Intellektualisieren und Theologisieren im Hinblick auf diese Versöhnungsganzheit muß in die Enge führen und scheitern.

In diesen wenigen zusammenfassenden Sätzen sollte der Gesamtzusammenhang dieser Arbeit noch einmal kurz skizziert werden.
Zum Schluß möchte ich auf einen Begriff noch einmal näher hinweisen, der im Zusammenhang des Themas von besonderer Bedeutung ist; dies ist der Begriff der »Verinnerlichung«. Ähnlich wie der des »Widerstands« ist der Begriff Verinnerlichung für die Seelsorge wie für die Tiefenpsychologie gleichermaßen wichtig!
Aus der Tiefenpsychologie wissen wir, insbesondere aus neueren Erkenntnissen der Entwicklungspsychologie, daß in der sehr frühen Entwicklung des Kindes Eltern-Eigenschaften, Eltern-Bilder wahrgenommen und verinnerlicht werden, d. h. in das eigene Selbstbild aufgenommen werden. Dieser Vorgang heißt in der Fachsprache Introjektion oder etwas später, wenn das Kind etwas reifer geworden ist, sprechen wir von »Identifikation«! Auf diese Zusammenhänge wird in der nächsten Arbeit noch näher eingegangen werden müssen.
Im Zusammenhang dieser Darstellung jedoch ist von allergrößter Bedeutung, daß der reife, erwachsene Mensch, wenn er eine Jesus-Beziehung finden möchte, ebenfalls auf den Vorgang der Identifikation zurückgreifen wird! Die neue Beziehungsrealität zu Jesus Christus, von der in dieser Arbeit an mehreren Stellen die Rede ist, bedeutet, daß auf dem Wege der Identifikation Eigenschaften der Person Jesu, gleichsam sein Menschsein als Person in das eigene Selbstbild aufgenommen, d. h. verinnerlicht werden möchten. Paulus drückt das in Galater 2, 20 folgendermaßen aus: »Nun lebe nicht mehr ich, sondern Christus lebt in mir, und was ich jetzt lebe im Fleisch, das lebe ich im Glauben des Sohnes Gottes, der mich geliebt hat und sich selbst für mich dahingegeben hat.« Die Kraft zu dieser Verinnerlichung Jesu Christi in das Selbstbild des Menschen kommt vom Heiligen Geist. Außer mehreren Kapiteln des Johannes-Evangeliums (insbesondere der 2. Teil des 6. Kapitels, der 2. Teil des 14., das 15., 16. und 17. Kapitel) weisen darauf hin sowie Paulus an mehreren Stellen seiner Briefe.
Der Begriff der Verinnerlichung hat aber auch noch eine andere Dimension! Aus der Verinnerlichung in dem hier benannten Sinne wächst die Expansion, die Explosivkraft des Glaubens, die Kraft zur Veräußerlichung dessen, was verinnerlicht worden ist! In biblischer Sprache heißt das, daß die Zeugnisfähigkeit und Zeugniskraft, die Leidensfähigkeit, Überwinderfähigkeit der Jünger, in dem neuen Reich zu leben, für dieses zu zeugen, dieses Reich auszubreiten – abhängt von der Kraft und der Tiefe der

Verinnerlichung. Dieser Zusammenhang verdeutlicht, daß die Erlösungsrealität, welche durch die Geistrealität verinnerlicht worden ist, wieder zurückführt zur unerlösten Schöpfungsrealität. Durch diese Verwandlungskraft der Verinnerlichung soll immer wieder neu unerlöste Schöpfung in den Bereich der Erlösung hineingezogen werden. Im Kontext unseres Themas heißt das, daß die realen Heilungsvorgänge im Bereich der unerlösten Schöpfung ihre eigentliche Dynamik entfalten aus der Tiefenheilung des Unbewußten her. Dies wird zu zeigen versucht in den Bildern vom lichten Auge, vom reinen Herzen, ja zusammenhängend in den Thesen der Bergpredigt!
Jesus spricht in diesem Zusammenhang von einem »Dienst der Befreiung«, wozu er seine Jünger bevollmächtigt (Mark. 16, 15–18).
Im Zusammenhang dieses Dienstes sind die Begriffe Heilung und Heil identisch. Das Verbum »heilen« bezieht sich ja auf beide Substantive und meint einen Vorgang der Ganzheit, in dem Leib, Seele und Geist erfaßt sind.
Es wird sich zeigen, daß in der Tiefenpsychologie dieser Ganzheitsaspekt der Heilung, wie er im Kontext dieser Arbeit verstanden worden ist, nicht existiert, sondern die Tiefenpsychologie andere Akzente setzt.

6. Literatur

1. E. v. Eicken »Heiliger Geist – Menschengeist – Schwarmgeist«, Brockhaus-Verlag 1964 (vergriffen)

2. J. Frank »Die Heiler« Klett-Cotta Verlag, 1981

3. H. v. Knorre (Herausgeber) »Seelische Krankheit – Heilung und Heil«, Verlag der Francke-Buchhandlung, Marburg 1981

4. M. und D. Linn »Beschädigtes Leben heilen«, Styria-Verlag, Graz-Wien-Köln 1982

5. W. Reich »Charakteranalyse«, Fischer-Taschenbuch 1973

6. P. Schütz »Wie ist Glaube möglich?«, Furche-Verlag (Stundenbuch) 1974

7. H. Stierlin »Das Tun des Einen ist das Tun des Anderen«, Suhrkamp-Taschenbuch 1981

8. H. Tacke »Glaubenshilfe als Lebenshilfe«, Neukirchener Verlag 1975